뉴스테이 시대,
사야 할 집
팔아야 할 집

뉴스테이 시대, 사야 할 집 팔아야 할 집

초판 1쇄 발행 2016년 6월 30일
초판 6쇄 발행 2016년 10월 11일

지은이 채상욱
펴낸이 변선욱
펴낸곳 왕의서재
마케팅 변창욱
디자인 꼼지락

출판등록 2008년 7월 25일 제313-2008-120호
주소 서울시 양천구 목동서로 186 성우네트빌 1411호
전화 02-3142-8004
팩스 02-3142-8011
이메일 kinglib@naver.com
블로그 blog.naver.com/kinglib

ISBN 979-11-86615-14-0 13320

책값은 표지 뒤쪽에 있습니다.
파본은 구입하신 서점에서 교환해드립니다.

ⓒ 채상욱
헤리티지는 왕의서재 출판사의 경제·경영 브랜드입니다.
이 책은 저작권법에 따라 보호받는 저작물이므로 무단복제를 금지하며
이 책 내용을 이용하려면 저작권자와 왕의서재의 서면동의를 받아야 합니다.

이 도서의 국립중앙도서관 출판예정도서목록(CIP)은 서지정보유통지원시스템 홈페이지
(http://seoji.nl.go.kr)와 국가자료공동목록시스템(http://www.nl.go.kr/kolisnet)에서
이용하실 수 있습니다.(CIP제어번호: CIP2016014107)

뉴스테이 시대, 사야 할 집 팔아야 할 집

채상욱 지음

헤리티지
HERITAGE

머리말

사느냐 파느냐
그것이 문제다

이 책이 만들어지는 데 페이스북이 대단히 큰 이바지를 했다. 필자는 금융투자업계에서 건설 애널리스트로 재직 중이고, 업무상 주택시장을 조사·분석하면서 그 결과를 에프앤가이드(증권사 리서치 자료가 공개되는 서비스)와 페이스북에 올려왔다. 그중 올해 2월, 뉴스테이(민간 기업형 임대주택)와 주택시장의 변화를 설명한 자료를 출판사에서 보고 연락이 왔고 책이 만들어진 것이다.

이 책의 거의 모든 내용은 에프앤가이드에 올라간 〈기업이 주택을 소유하는 시대, 부동산의 후방 밸류체인에 투자하라(하나금융투자, 채상욱)〉라는 제목의 자료를 기반으로 하고 있음을 먼저 알린다. 물론 요즘 부동산 시장의 변화가 너무 가파르게 진행되고 있어서, 자료 이후 업데이트한 내용을 일부 추가했다.

한국 부동산 시장을 대하는 세대주들에게 가장 먼저 다가오는 문제는 집을 '사느냐 마느냐'다. 햄릿만큼 고민해야 할 이유는 집이 수억 원에 이르는 고가의 자산이어서다. 사느냐 마느냐의 중대한 갈림길 앞에, 특히 지금처럼 2018년 위기론과 인구 절벽론이 넘쳐나는 시대에,

표지판도 없이 고민하는 한국의 많은 세대주를 위해 방향을 알려주는 사람은 뜻밖으로 적다.

주택 위기론이 넘쳐나고, 위기론이 아니어도 결론을 미리 내고 시작하는 경우가 많다. 이미 사야 할 것을 전제로 이야기를 풀어나가거나, 사지 말아야 한다는 걸 전제로 쓰이는 식이다. 이도 저도 아니면 결국은 강남, 소위 기승전결 대신 기승전-강남으로 연결된다. 그래서 부동산을 사야 할지 말아야 할지 고민하는 사람들은 더 갈증을 느낀다. 다 좋은데……. 도대체 사라는 건가 말라는 건가? 강남만 집인가?

이 책은 2015년 12월 29일 시행된 '민간임대주택에 관한 특별법', 소위 '뉴스테이법'으로 알려진 법령이 시행되면서 한국에 실제 일어나는 긴박한 주택시장의 변화들을 주요 내용으로 다룬다.

전국 재건축·재개발 조합이 역사상 최초로 일반분양용 주택을 개인에게 분양하지 않고, 기업에 3,000호씩 매각하는 일이 벌어지고, 금융투자업계에서는 조 단위의 부동산 펀드를 조성해 주택을 수천 호씩 매입하는 사례가 잇따르고 있다.

생소한 사례가 한두 건이겠거니 하는 사이 전국 37개 조합 5만 4,000개 주택이 법 시행 두 달 만에 기업들에 앞다퉈 주택을 매각하려고 줄을 서 있다. 왜 그럴까?

시장의 이런 변화를 '뉴스테이'라고 부른다. 그런데도 대중들은 뉴스테이가 무엇을 의미하는지 잘 모르거나, 혹은 왜 이 새로운 방식의 사업이 지금 시점에서 발생하는지를 아직은 크게 공감하기 어렵다. 변변한 설명자료조차 없어서이기도 하고, 아직도 한국의 주택부동산 시장에 위기론이 팽배하기 때문에 남 일이라 여기는 탓이다. 이것들도 아니면 '뉴타운'처럼 '뉴-' 패밀리가 등장했구나 하고 여길 뿐 다시 사라질 유행으로 보기 때문이다.

그러나 지금 민간 임대주택시장의 변화는 한국의 주택시장 주인공을 아파트뿐 아니라 단독주택(빌라)도 추가시키고 있으며, 한국 임대주택 시장의 병폐를 해소하고, 심지어 구도심의 재생사업과 연계돼 정비사업의 가치를 올려주는 강력한 인센티브를 포함하는 파괴력 높은 대책이다. 하여 부동산 시장에 관심이 있다면 절대 놓쳐서는 안 될 개념이다.

이 시장을 정확히 이해하게 된다면, 한국 전역에 퍼져 있는 '사야 할 집'과 팔아야 할 집을 손쉽게 구분하게 될 것이다.

　필자와 같은 금융투자업계에서 리서처(연구자)들은 늘 자신이 제시한 분석에 반박당하면서 먹고산다. 내가 A라고 하면 필연적으로 B라는 주장이 다른 연구자에게서 나온다. 그렇게 A와 B는 시장에서의 의견교환을 거치며 C라는 더 발전된 의견으로 승화한다. 헤겔의 변증법적 접근을 거치며 시장은 합리성과 균형을 갖게 된다. 집단지성이라고 표현해도 좋을 것이다.
　금융투자업계의 리서처나 펀드매니저들은 늘 자기 논거를 증명할 데이터를 확보하고 수치로 이야기하며, 감정을 최대한 배제한다. 아울러 상대방의 출현을 반긴다. 그래야 제대로 검토되고, 잘못 본 것은 없는지, 개량할 것은 없는지를 알 수 있기 때문이다. 그러므로 숫자와 통계에 기반을 둔 전문가들의 의견 교류는 결과론적으로 시장을 훨씬 더 영리하게 만드는 데 중대한 역할을 한다.
　그런데 주택시장에서만큼은, 주택시장이 거대한 자산시장의 일부인데도 금융시장의 정반합, 집단지성 문화가 충분히 도입되지 않은 것

같다. 객관적으로 이야기하는 것보다는, 극단적으로 큰 목소리를 내며 얼굴을 붉히는 쪽이 되레 더 쉽게 언론의 주목을 받는다.

강한 주장이 흥미와 관심을 받고 대중적으로 빠르게 보편화하는 것은 어쩌면 당연하다. 그 결과 우리 주변에는 '일본식 장기침체', '부동산 붕괴론', '인구절벽', '입주 폭탄'과 같은 자극적 언사들이 넘쳐나게 됐다.

이런 닥터 둠(시장의 폭락을 예고하는 이)들은 마치 "주택시장에 일본식 폭락은 없을 것, 안정화된 시장"이라고 주장하는 이들을 순식간에 꼰대로 몰고 간다. 권력에 항거하듯 보이기에 젊은이들에게 지적 선지자로 추앙받곤 한다. 그렇게 갈림길에 선 세대주들에게 붕괴론이라는 한쪽만이 전달된 지 벌써 수년이 흘러갔다. 그 사이 한국의 햄릿들은 주택시장이 붕괴할 줄 알아서 들어간 84㎡ 전세가 2년 전에 3억5,000만 원이었는데, 계약 갱신 때 5억2,000만 원을 주어야 하는 이 괴리를 어디에 풀어야 할지 당최 모른다.

이 책을 통해, 독자들은 수년 동안 보아왔던 '위기론'이라는 한쪽 길의 끝만 아니라, 다른 쪽 길의 끝도 보게 될 것이다. 양쪽 끝을 모두 본 이후에 비로소 스스로 선택할 수 있게 될 것으로 믿는다.

많은 닥터 둠들이 큰 소리를 내며 위기론의 끝을 수년간 지속해서 인내심 있게 보여주신 덕분에, 필자는 그 다른 길의 끝에 무엇이 있는지만 지금부터 하나씩 설명할 것이다. 위기론의 반대쪽 길에는 완전히 새롭게 달라질 대한민국 주택시장이 있으며, 격변하는 재건축·재개발 조합들이 있고, 때로는 위험에도 불구하고 기회를 찾는 기업과 개인들로 가득하다는 것을 알게 될 것이다. 시장의 변화를 촉진할 촉매가 뉴스테이라는 것도 함께.

고마움을 전합니다

이 책을 통해 고마움을 전하고 싶은 이들이 있다. 첫째는 한국 주택시장 통계를 직접 조사하고 배포하는 통계청과 국토부의 통계 누리와 관련한 분들이다. 또 부동산114의 데이터베이스 시스템인 REPS와 KB금융의 부동산 월간 통계 작성자에게 고마움을 전한다. 결국, 시장분석이란 기본적인 숫자와 통계에서 먼저 시작하는 것이므로 이런 자료들이 없었다면 책은 결코 나올 수 없었을 것이다.

책을 집필할 동기를 준 출판사와 애널리스트로서 시장을 조사·

분석하고, 자료를 낼 수 있게 해준 하나금융투자에도 감사의 말을 전한다. 뉴턴이 언급한 '거인의 어깨' 중 거인에 해당하는 주택부동산 시장의 선배 연구진들에게도 감사를 표현하고 싶다. 특히 국토부 제1차관 인 김경환, 전 국토부장관 서승환의 경우에는 우리나라 주택시장에 대한 깊은 고민을 한 공무원들의 대책을 적절히 추진한 관료가 아닌가 싶다.

현 건국대 부동산대학원의 정의철, 손재영 교수 포함 전 부동산학 관련 교수진들의 연구자료들도 자료 작성 중에 다수 참고하였기에 감사를 드린다. 또 한국산업개발연구원(KDI)의 연구진, 한국 건설산업연구원과 국토연구원, 주택산업연구원 등 연구기관에 종사하시는 다른 모든 리서처 분들에게도 깊은 감사를 전한다. 그분들의 연구들이 없었다면 아예 이 책은 시작도 못 했을 것이다. 그분들의 이름을 다 올리지 못하는 것이 죄송스러울 뿐이다.

개인적으로 감사를 전해야 할 분들도 많다. 먼저, 금융투자업계에 입문할 수 있게 자리를 소개 해 준 박영도 펀드매니저(현 케이원투자자문)와 LIG투자증권의 안수웅 센터장(현 SK증권 센터장)에게 감사한다. 또 하나금융투자에서 일 할 수 있도록 불러주신 조용준 리서치 센터장에게 큰 감사를 전한다. 하나금융투자 리서치는 전략과 기업 각 부문에서 베스트 애널리스트들을 보유했기에, 이 자료의 작성에 직간접적으로 많은 영감과 비평을 주었다. 한 분야에서 정점에 이른 이들과 같이 일할 수 있는 것은 대단한 행운이었다. 특히 같은 팀의 신민석, 박성봉, 박무현, 윤재성 애널리스트는 팀 작업에서 나를 배려해주었기에 따로 감사를 드린다. 도제식 관계가 보편적인 리서치 센터에서, 필자의 리서치 어시스트(RA)로 가장 고생한 황주희에게도 큰 감사를 전한다.

주택시장뿐 아니라 외환시장과 일본시장에 대한 깊은 인사이트를 주었던 LIG투자증권 김유겸 이코노미스트에게 감사한다. 또 원화자산과 달러자산의 포트폴리오 전략과 시장을 바라보는 통찰력을 준 알펜루트 투자자문의 오세준 펀드매니저에게도 감사를 전한다. 오세준 매니저는 《달러는 왜 미국보다 강한가》의 저자인데, 원화 표시 자산과 함께 외화 표시 자산에 대한 투자를 확대해야 리스크를 헤지할 수 있다는 인사이트를 제시하고 있다.

또 글로벌 건설업 전반에 대한 인사이트가 풍부해 마치 건설업의 모든 것을 알고 있는 듯한 존재로 느껴지는 삼성물산의 이지영 과장에게 감사를 드린다. 그녀는 삼성물산의 입사동기였는데 현장에 배치된 나와 달리 전략과 기획업무만을 십년간 전담하며 해외건설업과 선진국의 건설업 모델에 대해 통찰력을 제공했다. 그리고 대한민국의 리츠 산업과 부동산 신탁 비즈니스와 주택시장의 PF금융 체계를 이해하게 해주신 한국자산신탁의 신찬혁 본부장에게도 감사를 전한다.

    건축학과 재학시절, 건축이론뿐 아니라 경제적 관점을 통해서도 건축물을 바라보도록 해주신 지도교수셨던 제해성 아주대학교 교수님에게 큰 감사의 말씀을 전한다. 또 연합인포맥스의 남승표 기자는 부동산 시장에 대한 깊은 관심과 남다른 인맥을 통해서 직접 많은 도움을 주었다.

    대우건설 최종일 상무는 기업형 임대주택 시장에 대한 건설업체의 관점을 들려주셨고, 건설산업연구원의 두성규 박사님은 이미 주택 부동산 시장에서 다수의 자료를 내어 후배들을 이끄시는 분으로 필자에게도 좋은 가르침을 주셨다. 서울경제TV의 이진우 단장은 다소 소심한 필자를 거친 방송으로 이끈 분으로, 토지시장의 해박한 지식을 토대로 실물 부동산 시장의 흐름을 잘 알려주셨다.

금융시장의 투자전략을 부동산시장으로 적용하는 데 실질적 투자 사례를 제공한 하나금융투자의 송선재 애널리스트, 각 신도시 부동산 시장조사를 위해 현장을 방문했을 때 해당 지역에 대해서 잘 설명해준 전국의 공인중개사 그룹에게도 감사한다. 서울뿐 아니라 일산, 평촌, 분당, 부천 및 산본 등 1기 신도시의 중개사 분들을 특히 많이 만났다. 그중 일산 동성부동산 나인애 사장에게는 따로 감사를 전한다. SNS를 거의 하지 않지만 유독 페이스북만을 이용하는 내게, 온라인 친구(페친)들에게도 감사하다. 많은 'LIKE(좋아요)'가 결국 이 책을 탄생하게 한 것 같다.

마지막으로 평생 주택구매가 소원이셨던 부모님과 가족에게 미안하고 또 고맙고, 출산휴가 중이면서 퇴근 후 새벽까지 책을 쓸 수 있도록 배려해준 사랑하는 아내에게 가장 큰 감사를 전한다. 아울러 요즘 내게 평생 보았던 무엇보다 더 큰 귀여움을 혼자서 제공하고 있는 5개월 된 아들에게도 감사를 전한다.

차례

머리말 _ 사느냐 파느냐 그것이 문제다 •4

•제1부•
뉴스테이 시대의 개막
_한국 부동산 시장의 미래는 이미 예견됐다

임대가 개인의 전유물이라는 걸 수상하게 생각한 적 있는가? •21

기업형 임대주택(뉴스테이라 이름 붙은)이 부동산 시장을 바꾼다 •25

1990년대 주택시장에서 벌어진 생사의 갈림길 •28

주택 수를 알아야 부동산 시장이 보인다 •34

주택보급률이 100%를 넘어도 집을 더 지어야 한다니 •41

주택 수는 절대 부족하다 : 인구 천 명당 주택 수가 전하는 진실 •45

다주택자의 두 얼굴 : 탐욕의 화신 VS 착한 사마리아인 •51

집이 있어도 남의 집에 사는 사람들 •55

•제2부•
뉴스테이가 몰고 올 부동산 시장의 파문
_재건축·재개발과 손을 잡은 자본이 임대시장을 지배한다

휴거를 부른 공공임대주택 실패와 주택시장 민영화 •61
집 지을 땅을 공급하지 않는다면? •69
주택시장의 금수저, 아파트 재건축 •75
주택시장의 게임체인저, 뉴스테이의 확산 •81
은행도 임대주택을 공급하는 현실, 한국에 뉴스테이 전성시대가 열린다 •87
주택시장의 만년 조연 단독주택, 뉴스테이와 함께 주연이 된다 •90
주택 재건축·재개발 촉진으로 임대료는 상승 장기화한다 •94
분양은 사라진다 •99
주택을 거래하는 방식이 달라진다 •102
죽은 사업도 살려내는 용적률 인센티브의 효과 •106

•제3부•
사야 할 집, 팔아야 할 집
_무주택, 전·월세 세입자에게 마지막 기회가 될…

2018년 부동산 위기론의 실체 •115
부루마블과 부동산 시장의 비밀 •120

주택가격 전망 •125

주택 수요의 구조에 숨겨진 한국 부동산 시장의 비밀 •130

주택도 주식처럼 투자하라 •139

전세시장의 하이에나, 무피투자 •144

공인중개사가 사라진다 •149

기업에 월세를 내는 삶 •155

부동산 리츠가 밀려온다 •160

한국 주택시장의 미래 •163

• 제4부 •
어떻게 주택을 사야 하나
_내 집을 마련하는 실전 노하우

서울에 20평 1억 아파트 공급이 가능할까? •169

2015년, 재개발·재건축의 사업성이 소리 없이 좋아진 이유 •173

지분제와 도급제 방식의 차이를 알자 •178

주택 재건축 투자의 정석 •183

주택 재개발 투자의 정석 •188

주택 재개발 및 재건축 현황 •198

Q&A •203

Q1 미분양이 많다는데 주택 경기가 둔화한다는 증거 아닌가?

Q2 무주택에 월세(전세)를 산다. 한 달 350만 원이 소득이다. 분양하는 아파트가 많은데 분양이라도 받아야 하나?

Q3 위 질문에 이어 일반 단독주택이나 빌라(다세대. 다가구)를 매매하는 것도 길인가?

Q4 지방은 천 명당 주택 수가 평균을 웃돈다고 했다. 그럼 지방 재건축(재개발)을 매매하는 건 피해야 하나?

Q5 2가구(다가구) 임대인(민간)이다. 지금 상태를 유지하는 게 바람직한가?

Q6 앞으로 민간 기업형 임대주택이 들어서면 임대료는 어떻게 책정될 것으로 예상하나?

Q7 전세 대란의 궁극적 해결책은 공공임대주택 건설이라는 주장이 많다. 정책 변화로 임대주택 건설이 활성화하면 이 책 이야기는 물거품이 될 수 있다

Q8 시장이 붕괴하지 않으려면 공급과 수요가 적절해야 한다는 게 시장 원리인데, H신문에서 지적했듯 1차, 2차, 3차 산업혁명이 공황을 물리친 건 인위적인 수요 견인 책이 큰 역할을 했다고 봐야 한다. 만약 주택시장이 임대시장 특히 기업들이 주도하는 임대시장으로 갔을 때 대부분 국민이 구매력이 떨어져 수요가 사라지면 결국 시장 자체가 붕괴할 위험은 없을까?

Q9 인구 절벽과 관련해서 베이비붐 세대들이 거의 한 채씩 가지고 있는 집이 그들 사후에는 텅 비게 될 것이므로 공급 물량은 자연스럽게 늘어난다는데 그럼 공급이 확 늘어나는 것 아닌가?

Q10 아파트 분양 시 대출받은 뒤 즉시 원리금을 갚아야 할 수 있다. 아파트를 분양받는 건 괜찮은 선택일까? 최근 뉴스 기사에는 집단 대출이라는 수단이 있는데 그것이 분양가를 올리는 꼼수라고 지적하던데.

Q11 과연 한국 부동산 시장에 거품은 있는 걸까? 부동산 시장을 암울하게 전망하거나 부동산 불패 신화를 신봉하는 사람들이 여전히 혼란을 가중한다. 거품이 존재한다면 한국 부동산 시장에서 적당한 가격은 얼마일까?

Q12 서브프라임 모기지론에 의한 미국발 금융위기와 한국의 가계부채발 공황을 자주 비교한다. 한마디로 주택담보대출 등 비중이 크고 대부분 이것이 생계형이라는 데 주목한다. 어떻게 해석하면 좋나?

Q13 일본 부동산 거품 붕괴와 잃어버린 20년이 한국의 부동산 붕괴론을 떠받치는 근거로 삼곤 하는데, 어떤 점이 다른가?

Q14 재건축이나 재개발 시 집주인의 염려 중 하나는 비용 부담이었다. 여윳돈이 없으면 재건축이 엄두가 나지 않는다는 말인데, 이런 위험 부담도 줄어드나?

제1부

뉴스테이 시대의 개막

한국 부동산 시장의 미래는 이미 예견됐다

임대가 개인의 전유물이라는 걸 수상하게 생각한 적 있는가?

학부 때 건축학을 전공한 필자가 사회에 나와서 최초로 구한 전세주택은 서울 금천구의 한 빌라였다. 필자가 배운 빌라(Villa)는 별장이나 저택을 의미하는 것이었는데, 공인중개사에게 전화해 찾아간 빌라는 외관은 다 쓰러져가 보이는 낡은 단독주택이었고, 당장에라도 창문으로 도둑이 들어올 수 있을 것 같은 허술함에, 센 바람이 불면 그조차도 날아갈 것 같은 집이었다.

그런 허름한 건축물의 이름이 'XX빌라'였다. 판박이처럼 찍어낸 것 같은 그 옆집도 ○○빌라였는데, 한국의 빌라란 마이클 잭슨이나 토니 스타크가 살던, 또는 현대건축의 아버지 르코르뷔지에의 빌라 사보아의 아름다운 빌라와는 다른, 단독주택 중에서도 다가구 형태로 주거의 질이 아주 낮은 건축물을 지칭하는 것임을 그때 알았다. 책과 현실은 달랐다.

그러나 빌라의 소유주들은 그들의 저택(빌라)이 낡았는데도 수리하는 데 큰 관심도 없어 보였다. 준공된 지 40년이 넘어가니 건축물에 비가 새고 벽돌의 틈이 벌어져 날벌레들과 공존하며 살아가야만 했다. 어린 시절 공룡과 쥐라기를 좋아했고, 성인이 되어 이집트에서 1년을 살았을 정도로 척박한 환경에 단련이 되었는데도, 정체 모를 곤충들은 무서웠다. 필자는 파브르가 아니었다. 그렇게 외풍과 곤충 등 자연 친화적인 임차인의 삶이 한국 임대시장의 현주소였다.

한국은 전체 임대주택시장의 87% 이상을 '민간 개인'이 책임진다. 어떤 이유에서든 집을 사지 못하는 이들에게 임대주택을 공급하는 핵심 주체는 정부나 공공기관이 아니라 '집을 더 산 개인'들이다. 그들이 전세나 월세를 놓는다. 이렇게 수십 년이 흘러왔기 때문에 한국 주택시장에 (민간)개인만이 임대시장의 주인공이라는 걸 이상하게 생각하는 사람들을 주변에서 찾기 어렵다.

물론 임차인도 짐작은 하고 있을 터다. 벌레와 공생하는 저택에 살아가야만 하는 이유가, 임대인들이 임대물건을 유지·보수하는 데는 관심 없고, 해당 지역이 정비 사업에 편입되어서 조합입주권을 확보하는 것임을. 그러나 임차인들은 주택 공급이 부족한 대한민국의 약자였으므로 다른 방도를 찾기가 쉽지 않다.

한국에는 총 1,942만 호의 주택이 있고(2014년 기준), 이 중 900만 호 이상이 임대(전월세 등) 물량이다. 이 임대 물량 중 LH공사(한국토지주택공사)

등이 제공하는 공공임대가 약 117만 호다. 이를 제외하면 780만 호의 민간임대 물량이 존재한다. 이 780만 민간 임대 물량 중 약 99%를 '개인'이 공급하고 있다. 세계적으로 유례가 없는 수준의 '민간 개인' 임대 비중이다.

다른 나라에서는 공공임대의 비중이 높고, 자가 점유율도 높으며, 그것도 아니면 민간임대시장에서 민간 기업의 비중이 상당히 높지만, 한국은 자가 점유율이 낮고, 전체 임대 중 공공임대의 비중도 작으며, 민간 시장은 완전히 개인에게만 열려있는 상태다. 한국 임대시장에서 빌라 주인의 영향력이 절대적이라는 말과 같다.

임대인이 임대주택을 수리하든지 말든지 그것은 철저히 임대인 개인의 선택이다. 그래서 주택의 노후화가 심해질수록 임대주택의 주거 질은 수리를 하느냐 마느냐에 따라 점점 벌어졌다.

임대차 방식에서도 개인들이 모든 것을 결정한다. 임차인은 선택권조차 없이 임대인이 전세를 놓으면 전세로, 월세로 바꾸면 월세로 강요받았다. 임대시장에서 임대인 절대 '갑'인 나라. 그것이 대한민국이다. 그러나 곧 새로운 부동산 시대가 열릴 전망이다.

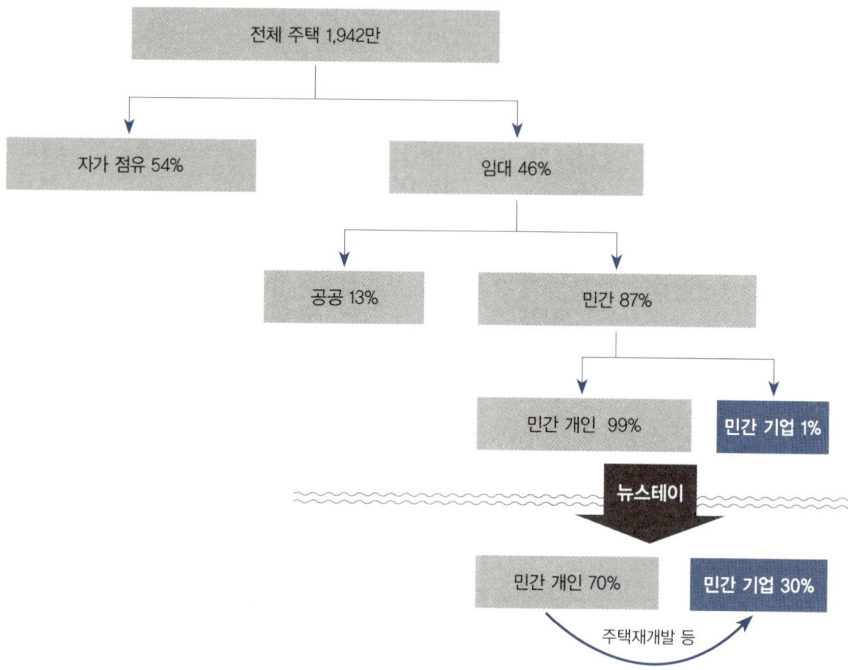

국내 주택시장 구조도. 임대시장 중 민간 개인의 비중이 절대적이다. 뉴스테이는 민간 기업 점유율을 끌어올리기 위해 주택 재건축·재개발 등을 통해 기업이 민간 개인(점유율 99%)에게서 주택을 매수하는 방식 등으로 임대시장의 비중을 확대하는 정책을 뜻한다.

기업형 임대주택(뉴스테이라 이름 붙은)이 부동산 시장을 바꾼다

본론부터 말해야겠다. 앞으로는 민간 개인이 아니라 민간 기업이 주택을 임대 목적으로 매입하기 시작하면서 임대시장의 구조를 근본부터 바꿔놓을 것이다.

이런 전망을 과감하게 할 수 있는 이유는, 필자가 일반인들에게는 잘 알려지지 않는 금융투자업계의 거대한 변화를 필드에서 목격하고 있기 때문이다. 필자는 자산운용업계의 애널리스트로 일하고 있다. 그런데 금융투자업계에는 작년 말부터 '집합투자기구(펀드나 리츠 등)'라는 것을 만들어서 재건축·재개발 조합으로부터 주택을 2,000호~3,000호씩 구매한다. 일반인은 상상하긴 어려운 대규모다.

주택 재개발·재건축 조합 역시 조 단위로 구성된 펀드 등에 거리낌 없이 주택들을 판다. 조합들이 팔겠다는 물량이 너무 많아서 집합투자기구의 설립 속도가 따라가지 못하는 상황이다. 이런 급작스러운 변화는 2015년 말 시행된 '민간임대주택에 관한 특별법'이 등장한 후 발생한 거대한 물결이다.

금융투자업계가 재건축·재개발 조합으로부터 주택을 수천 호씩 사려고 만든 것이 '집합투자기구'라는 것이다. 일반인들에게 집합투자기구라는 용어는 생소하게 느껴지겠지만, 용어 그대로 '모아서 투자하는 기구'다. 은행이나 증권사에서 가입하는 펀드와 같다고 보면 된다.

집합투자기구의 종류도 다양하지만, 부동산을 사기 위해서 사용되는 방식은 크게 '부동산 펀드'와 'REITs(리츠)'의 두 가지다. REITs(리츠)란 Real Estate Investment Trusts의 약자인데, 중요한 것은 리츠든 펀드든 민간 기업이 자금을 대고 모집해서 집합투자기구를 만들고 그 집합투자기구를 통해 주택을 수천 호씩 대량 구매하고 있다는 사실이다.

2015년 11월, 인천 부평구 십정동 216번지의 주거환경개선사업인 '십정2구역' 재정비사업 조합은 스트래튼 홀딩스라는 민간 부동산 컨설팅 기업에 3,000세대의 일반분양 물량을 모두 매각하기로 결의한다.

민간 기업인 스트래튼 홀딩스는 조합원들에게 다음처럼 얘기했다. '우리가 이 사업의 일반분양 분을 모두 사겠습니다.' 전체 분양 중 조합원 분양을 제외한 규모는 일반분양만 총 3,000세대에 분양매출만 대략 8,000~9,000억 원 수준으로 예상됐는데, 이를 통째로 한 번에 사겠다고 하자마자 8년간이나 지지부진하던 이 사업은 기지개를 켰다.

인천의 한 조합에서 발생한 국내 최초의 사례는 단박에 전국 주택시장, 특히 장기간에 걸쳐 추진하지 못했던 주택 재건축이나 재개발 조합에서 높은 관심을 끌었다. 민간 기업에 미래의 모든 일반분양을 팔 수 있다는 것은 사업을 시작하기도 전에 수익을 이미 완료한 것이나 마찬가지이니까 조합 입장에서는 거절할 이유가 전혀 없었다.

바로 한 달 뒤, 인천의 청천2구역의 재개발 사업도 같은 절차를 밟았다. 청천 2구역 재개발 사업에서 발생하는 일반분양 물량 총 3,500호를, 한국토지신탁이라는 민간 기업이 부동산 리츠를 설립해서 일괄 매입하기로 확정 지은 것. 금액 규모로는 거의 1조 원에 육박한다. 한국 주택 역사상 가장 큰 단일거래다.

이 외에도 광주광역시의 누문 재정비 사업에서 민간 기업(KB신탁)이 총 3,000세대의 일반분양 물량을 일괄 매입하기로 확정했다. 훗날 사업자는 KB신탁에서 스트래튼RE라는 부동산 자산관리 전문 기업으로 바뀌었지만 말이다.

이 세 건의 거래가 이른바 '민간 기업형 임대주택', 줄여서 '뉴스테이'라고 부르는 사업이다. 대중들에게 비교적 생소한 집합투자기구가 등장하지만, 모두에게 친숙한 재건축·재개발 사업의 한복판에서 일어나는 일들이었기에, 주택시장에 미칠 파문이 점차 커지고 있다.

도대체 무엇이 어떻게 달라지는 걸까? 먼저 왜곡과 오해로 가득한 한국 주택시장의 실제부터 바로 알고 넘어가야 한다. 그래야 뉴스테이가 등장하게 된 실마리를 찾을 수 있다.

1990년대 주택시장에서 벌어진 생사의 갈림길

1990년 4월 10일 가족과 함께 목숨을 끊은 A 씨의 유서다.

> 주님께선 현숙한 처녀를 어머님 눈에 뜨이게 하셔서 좋은 아내를 주셨고 귀여운 남매까지 선물로 주시는 축복을 허락하셨다. (…) 그러나 한 가지, 다만 한 가지-아버님께도 나에게도 물질의 축복-남들처럼 돈 잘 버는 재주만은 주시지 않으셨다.

> 아버지 때부터 시작되어 오고 있는 가난이 나에게 물렸고 기적이 없는 한 자식들에게도 물리게 될 것이다. 빈익빈 부익부의 악순환이 끝날 조짐은 없다. 폭등하는 부동산 가격에 내 집 마련의 꿈은 고사하고 매년 오르는 집세도 충당할 수 없는 서민의 비애를 자식들에게는 느끼게 하고 싶지 않다.

(…) 집을 비워 달라는 얘기를 들은 후부터 고민에 빠져 하루도 마음 편할 날이 없었다. (…) 성가대에서 찬양을 하는 아내의 모습이 얼마나 성스럽고 아름다운지 모른다. (…) 남들처럼 물질이 넉넉하여 가엾은 부모님을 내가 모시고 살며 (…) 온 가족이 교회에 봉사하며 하나님의 뜻대로 살 수 있다면 얼마나 좋을 것인가!

하나님 아버지! (…) 정치하는 자들, 특히 경제 담당자들이 탁상공론으로 실시하는 경제정책마다 빗나가고 실패하는 우를 범하여 가난한 서민들의 목을 더 이상 조르지 않도록 그들에게 능력과 지혜를 주시어서 없는 자들의 절망과 좌절이 더는 계속되지 않도록 하여 주시옵소서. (…) 주택문제로 고민하는 가난한 성도들의 기도를 들어주셔서 그들이 희망을 갖고 살 수 있도록 하여 주시옵소서.

사랑하는 아우 OO에게

이 어리석고 못난 형을 용서하기 바란다. 40평생을 살도록 부모님께 불효만 끼치고 부모님보다 먼저 세상을 등지는 대죄를 짓는 이 가슴도 참담하다. (…) 전세금 마련을 위해 추진했던 일들이 모두 제대로 안 되어 이젠 방법이 없다. (…) 남은 것은 월세 보증금 50만 원 (…) 뿐이다.

_경실련 출범 1주년 기념자료집

한국 주택 공급의 역사는 드라마보다 더 드라마 같다. 당시 시대상이 아찔한 숫자의 변동 폭에서 그대로 느껴질 정도다. 가장 압도적인 주택 공급 확대가 나타난 시기는 1991~1995년의 5년이다. 이 5년은 바로 노태우 정권에서 '주택 200만 호'를 건설하겠다는 공약을 실천한 해인데, 이 시기를 짚지 않고 한국 주택시장의 미래를 전망하기란 어렵다.

1988~1992년간 주택 200만 호를 건설하겠다는 공약을 내세운 노태우는 대통령으로 당선되고 6공화국(6공)이 시작된다. 노태우 이전인 5공화국(전두환) 시절 한국의 물가상승률은 한자릿수로 떨어졌지만, 6공이 출범하자마자 토지가격(지가, 地價)이 급상승한다.

지가는 1988년 한해에만 무려 27.5% 상승했고 1989년에도 무려 32.0% 상승한다. 지금으로썬 상상할 수 없는 가격 오름폭이다. 폭등이라 표현해도 절대 과도하지 않다. 당시에는 자고 일어나면 집값이 올랐다는데, 지가 상승은 이후에도 지속해 1990년에도 무려 20.6% 상승한다. 토지가격 상승은 곧바로 주택 가격 상승으로 연결됐고, 이는 심각한 사회문제로 봇물을 터뜨린다.

1970년대까지 534만이던 서울 인구는 도시화와 수도권 인구 집중으로 1990년에 무려 1,000만 명을 넘어선다. 인구가 20년 만에 두 배로 증가했는데, 주택 공급 속도가 인구 증가 속도를 따라가질 못해 서울의 주택 가격이 급등한다. 당시 서울에서는 한 달 만에 전셋값이 3배로 뛰는 곳도 나타났다고 한다. 이런 수준의 가격 오름은 사회적 문제를 떠나, 기업들이 정상적 기업 활동을 하지 않고 부동산 투기에만 열중하는 형태로 왜곡되기까지 했다.

이에 1990년 3월 경제수석보좌관이던 김종인(2016년 더불어민주당 비대위원장)이 10대 재벌에게 보유 토지를 매각하라고 지시하기에 이른다. 그는 총 8,000만 평을 소유한 10대 재벌들에게 10분의 1에 해당하는 800만 평을 매각하라고 했다고 전한다.

> 땅장사로 쉽게 떼돈을 벌 수 있는데 누가 힘들여 제조업을 하겠습니까. 근로자들도 폭등하는 전세금 속에 열심히 일 할 리 없는 거구요. 물론 6공이 출범한 이래 토지공개념법 등 세제 차원에서 부동산 정책을 강화해 왔습니다만, 세금으로 투기를 잡는 데는 한계가 있다는 게 내 판단이었습니다. 그래서 정부가 재계의 협조를 구해보다 적극적인 대책을 마련해야 한다고 대통령에게 건의했지요. 대통령도 같은 생각이었습니다.
>
> _《한국현대사 산책: 강준만 저》

당시 주택 가격 급등세를 진정시키려 서민 주거안정을 목표로 한 1989년 주택 임대차보호법 개정안이 발효돼 전세 계약 기간이 1년에서 2년으로 연장된다.

그런데 전국의 집주인들은 지가와 주택 가격이 급상승하는 시기에 1년 단위가 아닌 2년 치 임대계약을 체결해야 하자, 법이 시행되기 전 전세보증금을 상한선 없이 한 번에 올려버린다. 전세금을 내지 못한 세입자들이 급기야 자살하는 사건도 나타난다. 그렇게 1990년 가족과 함께 극단적인 선택을 한 당사자가 A 씨다.

이런 시대에 주택시장이 심각한 사회문제로 대두하자, 그것이 공급 부족에 있다고 판단한 노태우 대통령은 1989년 4월에 관계장관회의에서 아래와 같은 발언을 한다.

아파트나 집값의 폭등은 선량한 시민의 내 집 마련 꿈을 앗아가는 가증할 일이다. 30평 되는 아파트가 1억 원을 넘고 대형아파트의 평당 가격이 1,000만 원이 넘는 것은 방치할 수 없는 일이다. 서민들의 미래와 꿈과 설계를 빼앗아 가고 좌절감을 안겨주는 이런 부동산투기만은 어떤 일이 있어도 막겠다는 것이 나의 의지다. 분당·일산 외에 이미 지정된 안양, 군포, 부천의 택지를 합하면 1,450만 평이 되는데, 이는 과천시의 25배, 여의도의 20배에 달하는 택지. 오늘 계획을 포함해 새로 세워질 주택이 33만 호인데 이는 서울아파트 42만 호의 80%에 해당하며 2~3년 안에 130만 명이 새로 입주하게 된다. 이렇게 되면 현재와 같은 아파트·부동산 가격이 진정되겠는가

_1989.4.27. 주택관계장관회의

그리고 1989년 4월 28일 자 조선일보는 하나의 뉴스를 발표한다. 기사 제목은 '18만 가구 10월 착공, 91년 입주'다. 이것이 현재의 성남 분당, 고양 일산, 안양 평촌, 안산 산본, 부천 중동 1기 신도시였다. 그렇게 한국에 역사상 최대 규모의 아파트가 공급됐고, 인구주택총조사 기준 주택 수의 급증으로 연결된다.

매년 두 자릿수로 치솟던 주택 가격이 1기 신도시가 시장에 유입하기 시작한 1991년부터 드디어 -0.5~5.0%의 변화율을 보이며 내림세로 반전하기에 이른다.

당시 공급된 주택 수는 5년을 기준으로 총 200만 호이고 이 중 아파트만 182만 호였다. 1970~1990년까지 공급된 162만의 전 아파트 수를 합한 것보다 20만 호 더 많은 물량이었다. 당시 서울의 전체 아파트 수도 고작 42만 호에 불과했으므로, 이런 대규모 물량의 유입이 주택시장에 가격하락을 유도한 것은 당연한 일이다.

1990년대가 중요한 것은 이 시기를 전후로 국내 주택시장에 아파트가 주류로 떠올랐고, 신도시라는 개념이 최초로 확산했으며 공급과잉은 가격하락으로 연결된다는 실제 사례를 만든 해였기 때문이다. 그리고 당시에 집중된 공급이 결국 30년이 흐른 뒤 '동시 재건축'이 추진되어야 하는 상황을 맞이하게 된다. 이것이 문제의 발단이었다.

주택 수를 알아야
부동산 시장이 보인다

필자가 모처에 강사로 초대받아 국내 부동산 시장의 특징과 미래를 전망하는 기회를 가졌다. 금융투자업계에서 주택시장 세미나를 진행할 때 쉽게 열어보자는 게 평소 소신이다.

강의 시작과 함께 (쉬운) 질문을 던졌다. "한국에 주택 수가 몇 개나 될 것 같으세요?" 그랬더니 "5만 개요, 100만 개요" 같은 답변들이 나왔다. 정답과 너무나 차이가 커서 질문을 바꿔 봤다. "전국 5만 개는 너무 적은 숫잡니다. 전국이 아니라면, 그럼 서울에는 집이 몇 채 있을까요?" 그랬더니 더 어려웠던 걸까? 이제는 대답이 사라져버렸다.

사태를 파악한 필자는 뒤늦게 "한국 인구수가 약 5,000만 명이죠? 그럼 3명이 한집에 산다고 계산하면 대략 1,700만 개의 집이 있겠

네요."라고 설명을 붙였다. 인구와 함께 설명하니 비로소 다들 고개를 끄덕였다.

그런데 이런 간단한 질문에 대답을 잘 못 하는 사람들이 유독 학생들만은 아니다. 자산운용시장에 종사하는 사람마저도 한국 전체 재고주택의 수를 모르는 경우가 있다. 사실 필자 역시 건축학과를 나오고 건설회사도 몇 년 다녔지만, 막상 이 숫자를 안 때가 애널리스트를 시작한 2011년부터였으니, 어쩌면 많은 사람이 한국의 주택 수를 잘 모르고 살고 있다 해도 과장은 아닐 것이다.

아파트 공화국이라고까지 불리며 '아파트 사랑이 세계 최고'라는 한국에서(발레리 줄레조가 그의 저서에서 한국을 이렇게 표현했다) 막상 총 주택 수를 아는 사람이 적다는 것이 의외이지 않은가?

주택시장을 개략적으로 분석할 때 전체 주택 숫자를 확인하는 것은 기본이다. 인구수나 경제규모를 비교할 때처럼 절대 주택의 수는 비교나 분석의 기준을 제시한다. 한국의 주택 수, 미국의 주택 수, 중국이나 일본의 주택 수를 알면 국가 간 비교도 쉬워질뿐더러 그런 상대비교를 통해서 한국 주택시장에 대한 수치적 접근도 훨씬 편리해진다.

필자를 포함한 거의 모든 증권사 리서치의 애널리스트들은 해당 시장의 전체 규모를 그려보거나 미래 전망을 할 때, 기본적으로 총 시장 규모부터 파악한다. 전체 사이즈는 가장 중요한 정보다. 주택시장에서라면 총 몇 호의 주택이 있고, 매년 몇 호의 주택이 새로 지어지고 몇 호가 사라지는지가 기초다. 그 이후에야 가격은 어떻게 움직이는지, 거래량은 얼마나 되는지, 미분양은 몇 개나 되는지 등을 확인한다.

한국 주택 수는 결론부터 얘기하자면 2010년 말 기준으로 1,767만 호다. 2014년 가장 최신 현황으로는 1,942만 호다. 그런데 이 숫자는 '주택'의 기준을 무엇으로 보느냐에 따라 달라진다. 주택 수를 조사하는 기준이 두 가지가 있어서 그렇다. 일단 주택 수 조사에서 가장 정확하다고 알려진 통계청의 '인구주택총조사(5년마다 인구와 가구/주택 수를 집계하는 조사)'를 보자. 2015년 말 수치는 아직 발표 전(2016. 8월 발표 예정)이므로 가장 최근인 2010년 말 수치를 사용하겠다.

먼저 인구주택총조사에서 주택은 2010년 기준으로 1,467만 호 정도다. 그 구성은 단독주택이 408만 호, 아파트는 857만 호, 연립주택이 53만 호, 다세대는 131만 호, 비주거용 건물 내 주택이 16만 호, 주택 이외의 거처가 30만 호다.

이 중 아파트는 한국 주택시장의 주인공이다. 1970년 총 441만 호였던 한국 총 주택은 2010년 기준 1,467만 호로 40년 동안 약 1,000만 호가 증가했다. 이 기간에 가장 눈에 띄는 것이 아파트의 증가였다.

아파트는 1975년 총조사에서 8만9,000호에 불과했으나, 2010년 말 총조사에서는 무려 857만 호로 거의 100배나 증가한다. 100배라니! 이 점이 바로 다른 나라에서 한국을 아파트의 나라, 혹은 아파트 공화국이라 부르는 이유다.

단독주택은 1970년에는 435만 호였지만, 2010년 말 현재 408만 호로 외려 수치상으로는 감소했다. 단독주택은 주로 구도심 재개발 사업 등을 통해서 철거되면서 재고량이 감소한 것이다.

그런데 인구주택총조사 기준으로 주택 수가 1,467만 호지만, 다른 기준으로 주택 수를 센다면 1,767만 호(혹은 2014년 1,942만 호)가 된다. 이런 변화는 바로 한국의 단독주택들 때문이다. 아래 그림을 보자.

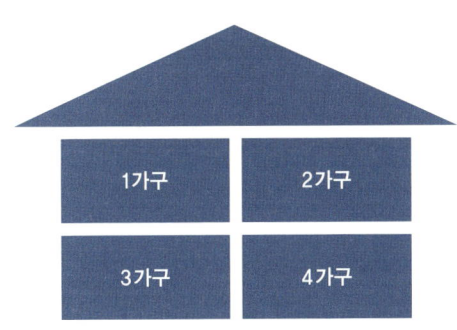

이 그림은 한국에 있는 빌라들을 간단히 이미지화한 것이다. 만일 '집'이라는 기준으로 이 그림을 본다면 집 한 개다. 그러나 '거처(독립된 하나의 거주 단위)'라는 기준으로 본다면 4개의 거처가 한 개의 건축물 안에 존재하게 된다. 이렇게 둘 이상의 가구가 1개의 건축물에 살 때, 이 건축물을 집 1개로 보는 것보다는 각각을 구분 거처로 반영해서 집이 여러 개라고 보는 편이 더 현실적이다.

그래서 한국에 존재하는 빌라 중 이렇게 다가구를 구분해서 반영하면 주택 수가 1,767만 호가 된다. 인구주택총조사에서 말한 사전적

의미인 '집'보다 약 300만 호가량 늘어난다. 이 말은 한국에 최소 300만 이상의 빌라 거주 세대가 있다는 뜻이기도 하다.

가장 최근 조사된 한국 주택 수는 2014년 말 기준, 1,942만 호다. 또 주택과 거처, 집의 개념도 알아두면 유용하니 아래 자료를 참고하기 바란다.

신주택보급률

(단위 : 천)

		2010	2011	2012	2013	2014
전국	가구 수	17,339	17,719	18,057	18,408	18,773
	주택 수	17,672	18,131	18,551	18,969	19,429
	새로운 주택 보급률	101.9	102.3	102.7	103	103.5
서울	가구 수	3,504	3,553	3,595	3,638	3,682
	주택 수	3,400	3,449	3,498	3,548	3,604
	새로운 주택 보급률	97	97.1	97.3	97.5	97.9
경기	가구 수	3,831	3,968	4,091	4,220	4,356
	주택 수	3,837	3,952	4,061	4,163	4,262
	새로운 주택 보급률	100.1	99.6	99.3	98.7	97.8

부동산 시장 필수 용어

1. 가구 : 가구는 1인 또는 2인 이상이 모여서 취사, 취침 등 생계를 같이 하는 생활 단위
   - 일반가구 : 가족으로 이루어진 가구, 가족과 5인 이하의 남남이 함께 사는 가구, 1인 가구, 가족이 아닌 남남끼리 사는 5인 이하의 가구
   - 집단가구 : 가족이 아닌 남남끼리 함께 사는 6인 이상의 가구, 기숙사나 노인요양시설·보육원 등 사회시설에 집단으로 사는 가구
   - 외국인 가구 : 외국인으로만 구성된 가구
     * 한국인과 외국인이 함께 사는 가구는 '일반가구'로 분류

2. 세대 : 일반 가구에 한하여 가구주와 그 가족의 친족관계에 따라 1세대 가구, 2세대 가구 등으로 구분함
   - 1세대 가구 : 가구주와 동일세대에 속하는 친족만이 같이 사는 가구
     예) 부부, 부부+형제자매, 가구주+형제자매 등
   - 2세대 가구 : 가구주와 그 직계 또는 방계의 친족이 2세대에 걸쳐 같이 사는 가구
     예) 부부+자녀, 부+자녀, 모+자녀, 부부+부모 등
   - 3세대 가구 : 가구주와 그 직계 또는 방계의 친족이 3세대에 걸쳐 같이 사는 가구
     예) 부부+자녀+부모, 부부+자녀+손자녀 등
   - 4세대 이상 가구 : 가구주와 그 직계 또는 방계의 친족이 4세대 이상에 걸쳐 같이 사는 가구
     예) 부부+자녀+손자녀+부모, 부부+자녀+부모+조부모 등

3. 다문화 가구 구성원 구분

　○ 내국인(출생) : 국적법상 출생에 의한 국적 취득자로 현재 대한민국 국민인 자

　○ 내국인(귀화 등) : 국적법상 출생 이외의 방법(귀화, 인지 등)에 의한 국적 취득자로 현재 대한민국 국민인 자

　○ 외국인 : 대한민국에 상주하며 현재 국적이 외국인 자

4. 거처 : 사람이 사는 모든 장소를 뜻하며, 구조적으로 분리되고 독립된 하나의 거주 단위

　○ 주택 : 단독주택, 아파트, 연립주택, 다세대주택, 비거주용 건물 내 주택 등 주택의 요건을 갖추고 가구가 살 수 있도록 지어진 집

　　*주택의 요건　① 영구 또는 준영구 건물
　　　　　　　　　② 한 개 이상의 방과 부엌
　　　　　　　　　③ 독립된 출입구
　　　　　　　　　④ 관습상 소유 또는 매매의 한 단위

　○ 주택 이외의 거처 : 오피스텔, 호텔, 여관 등 숙박업소의 객실, 기숙사 및 특수사회시설, 판잣집, 비닐하우스 등 주택의 요건을 갖추지 못한 거주 공간

　○ 빈집 : 사람이 살지 않는 주택을 말하며, 신축되어 아직 입주하지 않은 주택도 포함(폐가는 제외)

주택보급률이 100%를 넘어도 집을 더 지어야 한다니

피겨여왕 김연아가 여자 싱글 최초로 쇼트 프로그램과 프리 프로그램을 합쳐 200점을 넘어 기록한 2009년, 한국의 주택보급률도 100%를 넘었다. 당시 김연아의 피겨 점수는 장안의 화제였는데(김연아는 세계기록을 총 11번 갈아치웠다), 필자는 피겨 점수가 200점이 만점이 아니라는 것을 처음 알았을 때 더 놀라고 말았다. 그런데 주택시장에도 그런 지표가 하나 있다. 바로 주택보급률이다.

한국의 주택보급률이 100%가 최대인 줄 알았는데, 2009년 101.2%, 2010년 101.9%를 지나, 2014년 103.5%까지 계속 100%를 넘는 상태가 유지되고 있다. 유럽·미국·일본은 120%에 가까운 수준까지 올라갔다고 한다. 그래서였을까, 궁금함이 생긴 건 필자뿐만은 아니었던 것 같다. 급기야 통계청의 주택보급률 질의·응답 게시판에 다음과 같은 질문이 올라온다.

"100%가 넘어간다면 그것은 더 이상 지을 필요가 없는 것 아닌가요?
(2013년 10월 1일)"

보통 100%를 달성했다고 하면 '완전한 상태'라고 생각하는 경향이 있으니까 어쩌면 당연한 질문이다. 그런데 국토부 담당자는 "무조건 더 지을 필요가 없다는 의미는 아니"라고 답글을 남겼다. 그러고는 이렇게 썼다.

> 주택보급률은 1가구가 소유하는 주택 수의 비율로써 (…) 한 사람이 여러 채의 주택을 소유하는 경우도 있으며, 노후화된 주택의 개량, 택지개발 등 주택을 공급하기 위한 여러 가지 요인이 있으므로 주택보급률이 100%를 넘어섰다고 해서 무조건 주택을 지을 필요가 없다는 의미는 아님을 알려드립니다

보급률 100%인데 왜 더 지을 필요가 있다는 말을 한 것일까? 바로 보급률의 셈식에 그 해답이 있다. 주택보급률은 분자를 주택 수, 분모를 일반가구 수로 넣고 계산한다(주택 수/일반가구 수×100).

2010년 말을 기준으로 일반가구 수는 총 1,733만이고, 주택 수는 1,767만이므로 이를 계산하면 주택보급률은 1,767/1,733×100=101.9%가 된다. 2014년 말 기준으로는 1,942만 호/1,873만 가구이니

까 보급률은 103.5%였다.

그렇다. 대한민국의 주택보급률은 김연아 선수의 피겨점수처럼 마치 달성하면 끝날 것 같던 200점을 넘어서 계속 상승하는 중이다. 중요한 건 보급률에는 만점이 없다는 사실이다.

'보급률 100% 초과'는 일반가구 수보다 주택 수가 더 많다는 것을 의미하므로, 주택 공급이 과잉됐다는 것처럼 들린다. 그러나 실상은 한국에 주택이 여전히 부족하다는 것이다. 이게 진실에 더 가깝다.

왜냐하면, 한국에서는 분모인 가구 수가 지금도 증가하고 있기 때문이다. 보급률이란 통계를 올바르게 이해하려면 분모와 분자의 변화를 함께 봐야만 한다. 그렇지 않으면 한쪽 면만 보는 우를 범하기 쉽다. 특히 분모인 가구 수 증가속도가 빠른 나라라면 더욱 그렇다.

한국의 가구 수는 지금 이 시각에도 계속 증가하고 있다. 따라서 증가하고 있는 가구 수만큼 미래에 주택이 공급되어야만 할 것인데, 그 규모는 통계청이 조사해서 발표하고 있다.

통계청이 2012년 발표한 '2010~2035년의 장래가구추계'로는 한국의 2035년 가구 수가 2,226만1,000이다. 2010년 기준 1,735만9,000가구 대비 약 1.3배 증가하는 수준이다.

인구(가구) 통계에서 유의할 점은 한국의 인구 증가율이 2030년 이후 마이너스로 전환하며 감소하기 시작하지만, 가구만큼은 2035년까지도 증가하는 것으로 추정한다는 것이다. 이는 1인 가구, 부부 가구 등 가구가 분화하고 해체하는 데서 비롯된다고 밝히고 있다. 평균 가구원 수는 2010년 2.71명에서 2035년 2.17명으로 감소할 것으로 전망했다.

이런 셈법이 나온다. 한국에 연평균 19만6,000가구가 새롭게 생긴다! 이 부분을 3부에서 추가로 살펴볼 텐데, 이는 국내 주택의 3가지 수요 중 하나인 가구(인구) 수요에 해당한다.

또 이 숫자에는 주택을 구매할 능력이 있는지를 묻지 않는다는 점도 포함된다. 좋든 싫든 인구 증가나 가구 분파에 따라서 2035년까지는 무조건 증가할 가구 수에 맞는 주택 공급이 필요하다.

한국은 주택보급률 100%가 넘는 상황인데도, 인구 증가와 가구 증가가 동시에 진행되고 있어 앞으로 20년 이상은 꾸준히 주택을 공급해줘야 한다. 눈여겨볼 부분은 2035년까지 가장 높은 증가속도를 보일 것으로 기대되는 1인 가구다. 이에 발맞춰 최근 주택 공급 업체들이 1인 생활에 맞는 주거 공간을 공급하겠다는 계획은 합리적이다.

주택 수는 절대 부족하다
: 인구 천 명당 주택 수가 전하는 진실

개인적으로 주택시장의 지표 중 가장 중요하다고 생각하지만, 시장에서는 그렇게 여기지 않을뿐더러 잘 알려지지 않은 지표를 고르라면 바로 '인구 천 명당 주택 수'라는 통계를 꼽겠다.

    필자는 거의 모든 기관투자자를 위한 세미나에서 '한국은 주택 부족 국가'라는 화두를 던지고, '왜냐하면 인구 천 명당 주택 수가 너무 낮다'는 근거를 든다. 도대체 인구 천 명당 주택 수는 무엇이고 그 의미는 어떤 것일까?

    인구 천 명당 주택 수라는 통계는 이름 그대로다. 통계를 구하는 셈식 역시 대단히 간단한데 분모는 총인구수이고 분자로 총 주택 수를 넣는다. 그리고 1,000을 곱한다. 즉, (총 주택 수/총인구)×1,000명이다. 2010년 기준으로 총 주택 수 1,767만 호와 총인구 4,850만 명을 대입하면 그 숫자는 364호/1,000명이다.

바로 이 364호라는 숫자 때문에 외국에서는 (놀랍게도) 한국을 주택이 현저히 부족한 나라로 평가한다. 앞서 살펴본 보급률 100%가 넘는 나라인데, 주택이 부족한 국가라고 평가하는 게 앞뒤가 안 맞아 보이지만 실제가 그렇다. 왜냐하면, 다른 선진국의 인구 천 명당 주택 수는 아래 그림처럼 모두 한국보다 높기 때문이다.

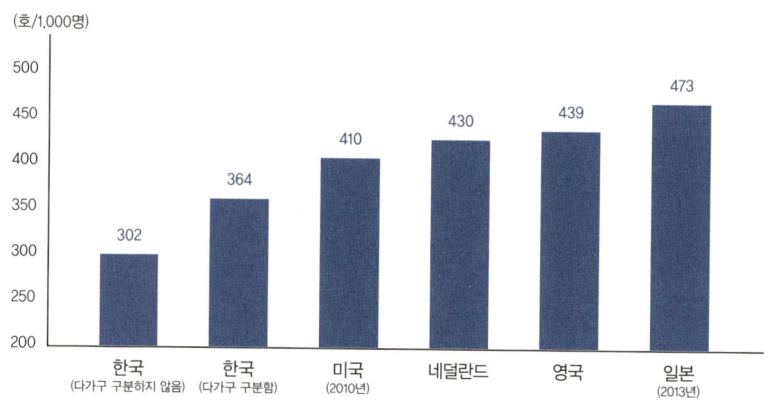

참고로 364호는 거처를 다가구로 구분해 반영한 1,767만 호 기준으로 셈한 수치고, 302호는 다가구를 구분하지 않은 주택 수인 1,467만 호를 기준으로 조사한 것이다. 한데 같은 시점에 조사한 미국은 인

구 천 명당 주택 수가 410호나 된다. 한국보다 인구 천 명당 주택 수가 46호 더 많다.

미국 인구는 약 3억 명이므로 주택 수를 간단히 계산해 보면 1억 2,300만(3억×410호/1,000) 호다(실제는 1억1,800만 호). 우리는 미국 주택시장의 가장 중요한 '큰 수'를 이렇게 쉽게 찾을 수 있다. 이것이 인구 천 명당 주택 수라는 통계가 갖는 힘이다.

가깝고도 먼 일본은 어떨까? 일본의 2013년 인구 천 명당 주택 수는 무려 473호에 이른다. 인구주택총조사를 2013년에 수행했기에 시점이 2013년임을 고려하더라도, 일본은 한국과 비교하면 인구 천 명당 89호가 더 많다. 한국 전체 주택 공급 수준보다 24% 이상 높은 상태다.

한국 언론은 일본에 빈집(공실)이 많다는 점을 종종 즐겨 인용한다. 일본의 빈집 비율이 13%고 한국은 4%이기 때문에, 한국도 집을 계속 짓다가는 일본을 따라간다는 무서운 의미를 담는다. 일본 부동산 시장만 두들겨 맞는 꼴이다.

그러나 일본의 주택 재고량이 한국보다 24% 이상 공급됐다는 것을 지적하는 언론은 거의 없다. 일본 외에도 선진국 중 주요 국가의 인구 천 명당 주택 수 통계는 한국을 모두 앞선다. 네덜란드는 430호로 미국보다 높고, 영국은 439호로 네덜란드보다 높다. 프랑스나 독일 등 모든 나라가 400대 후반의 인구 천 명당 주택 수를 보유하고 있다. 500호가 넘는 나라들도 있다.

한국 부동산 시장에서 일본판 부동산 붕괴론(공급 과잉과 인구 절벽)을 운운하는 사람들이 많다. 이쯤에서 한 가지만 짚고 넘어가야겠다. 일본과 한국을 비교하려면 최소한의 기준을 동등하게 맞춰야 한다는 점이다. 일단 일본의 공급 수준을 한국 상황에 맞춰 비교해보자.

2010년, 인구 총조사 기준으로 한국의 인구는 4,850만 명이고, 같은 시점을 기준으로 해서 한국이 일본과 같은 인구 천 명당 473호의 주택을 보유했다고 가정해보자. 그럼 한국의 총 주택 수는 473호×4,850만 명/1,000명=2,294만 호가 된다. 한데 한국의 실제 주택 수는 1,767만 호이므로 일본과 동등한 공급 수준이 되려면 한국에 2010년을 기준으로 당장 500만 호 이상의 주택이 공급되었어야 한다.

500만 호라는 숫자는, 서울을 약 1.5개나 추가로 더 건설해야 한다는 말과 같다. 한국을 기준으로 서울 1, 서울 2, 서울 3처럼 서울이 약 3개 정도 있는 것이 현재 일본의 주택 공급 상태라는 뜻이다. 그래서 일본의 빈집은 전체 주택 6,060만 호 중 총 820만 채로 13.5%의 공실을 기록하는 것이다. 너무 많이 지어 공실도 많다.

일본에 이처럼 집이 많은 이유는 '국토균형발전'이라는 명목으로 1980~1990년대 일본 전역을 개발한 부동산 정책이 한몫했다. 균형 발전을 핑계로 하루에 자동차 10대도 지나가지 않는 농촌의 도로에 아스팔트를 깔았고, 현대식 주택을 공급했다.

1990년대 토지주택시장이 침체하자, 급기야 민간 주택 공급업자들이 토지가격 하락을 방어해야 한다며, 임대 목적의 맨션을 무분별하게 공급하기 시작했는데, 이런 물량들이 훗날 모두 공실이 돼버렸다(왜 1980년대 많은 주택을 공급했는지는 뒤에 자세히 설명했다.).

인구 천 명당 주택 수에는 또 다른 시사점이 있다. 바로 한국 주요 도시의 인구 천 명당 주택 수가 다르다는 점이다. 많은 사람이 서울의 밀집한 주거 환경과 경기도에 1990년대 이후 지속해서 공급한 1, 2기 신도시 아파트들을 보면서 공급 과잉을 거론한다. 그런데 앞서 살펴본 것처럼 천 명당 주택 수 기준에서 한국의 시, 도를 분석해 보면 놀라운 결과가 나온다.

서울의 인구 천 명당 주택 수는 347호, 경기도는 337호라는 것이다. 강원도 407호, 전남 418호, 경북 420호 등 한국에도 400호를 넘는 지자체들이 즐비한데, 막상 서울과 수도권의 인구 천 명당 주택 수는 한국 평균인 364호에도 못 미친다. 서울과 경기도가 되레 한국에서 주택이 가장 적게 공급된 지역 중 1, 2위를 다투는 것이다.

다음 그림은 시도별 인구 천 명당 주택 수다. 서울 수도권과 광역시의 공급 수준이 전체 평균보다 낮다는 것을 확인할 수 있다.

이쯤 되면 믿기지 않는다는 표정을 지을 사람들도 있을 것이다. 일산, 분당, 평촌, 동탄, 위례, 판교, 검단, 파주 등으로 둘러싸인 서울과 경기도가 주택 공급이 부족한 것도 모자라 한국 평균보다 낮다고?

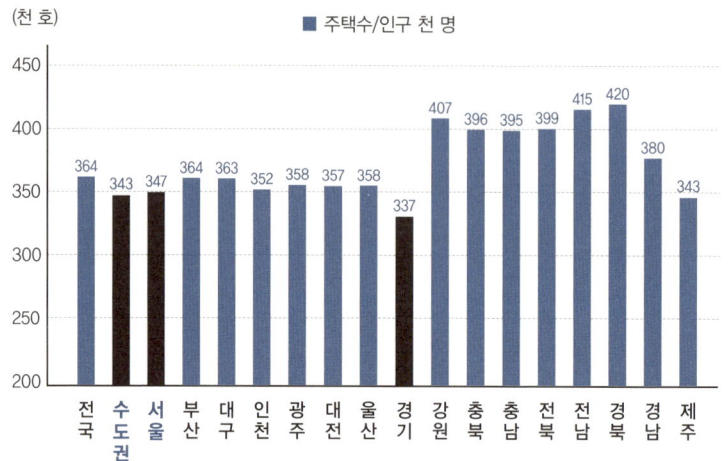

숫자는 거짓말을 하지 않는다. 그래서 한국의 서울, 경기도 지역은 전국 어느 지역보다도 더 많은 주택을 공급해야 한다는 결론이 나온다.

다주택자의 두 얼굴 : 탐욕의 화신 vs 착한 사마리아인

2014년, 김희국 새누리당 의원이 국토교통부(국토부)로부터 받은 흥미로운 자료를 공개했다. 전국 임대주택 사업 현황을 소개한 자료였는데, 광주의 60대 남자가 주택 2,312채로 임대사업을 하는 '임대 왕'이라고 밝힌 것이었다. 이는 즉시 뉴스로 보도됐다. 주택 하나라도 사는 것이 평생의 소원인 사람도 있는데, 2,312호를 가진 사람은 누구이고 왜 그토록 많은 집을 가진 걸까?

이런 주택 소유의 불균형이 초래된 데는 한국이 개인에게만 주택을 살 수 있도록 했기 때문이다. 독자들도 지금 시점에서 잠시 생각해보면 좋겠다.

한국은 개인이 주택시장의 모든 걸 책임진다. 사실 주거라는 기본 목적에서라면 1가구당 1주택을 확보하면 그 가구의 본질적인 목적은 달성된 것이다. 그런데 1주택을 확보하지 못한 사람들을 위한 임대주택은 누가 공급해야 할까에 관한 문제가 생긴다.

주택을 살 수 없는 계층을 위한 임대주택을 어떻게 공급해야 할 것인가에 대해 전 세계는 각자 다른 해법을 내세웠다. 유럽은 공공주택(Social Housing)이 전체 임대주택의 60% 이상을 책임진다. 이와 비교해 일본은 전체 임대주택의 70%를 민간 기업이 제공한다.

그런데 한국은 전체 임대주택의 85%를 민간 개인이 책임지도록 했다. 그걸 가장 열심히 수행한 사람이 앞서 등장한 광주의 60대 남자다.

정부나 공공기관을 대신해서 임대주택을 공급하는 개인, 다시 말해 2주택 이상을 보유한 개인을 바라보는 사회적 시각은 싸늘하기만 하다. 2주택을 넘어 다주택을 보유한 개인들은 오히려 탐욕스러운 존재로 평가받는다. 1990년대 많은 사회적 문제가 결국은 다주택자들 때문에 발생했다는 것이 한 가지 이유다. 그렇게 40여 년이 흘렀다. 과연 지금의 다주택자들은 어떤 생각을 하고 있을까?

필자가 2013년 LIG투자증권 재직 중에 김유겸 이코노미스트와 공동으로 주택시장 전망자료를 냈을 때, 그는 기관투자자를 대상으로 한 세미나 한 곳에서 아래의 표현을 쓰면서 한국의 다주택자들을 설명하기 시작했다.

전세가가 매매가의 90%가 넘어가는데도 매수를 하지 않는 세입자는 오히려 다주택자보다 이기적입니다. 주택을 매수하는 데 따르는 세금과 보유하는 데 따르는 세금, 그리고 가격하락의 위험마저 집주인에게 모두 떠넘긴

것이기 때문입니다.

만약 다주택자가 집을 사서 전세(임대)를 공급하지 않았다면 임차인은 도대체 어디에서 임대를 살았을까요? 다주택자는 주택가격의 하락도 전세입자 대신 모두 다 책임져주고, 심지어 월세보다 낮은 임대료인 전세를 공급해주기까지 하는데다가, 보유와 거래에 따른 세금도 내고 동시에 주택을 여러 개 갖고 있다고 종합부동산세에 노출됩니다. 이런 다주택자는 우리나라 주택시장에서 어떤 존재인가요? 임차인들에게는 오히려 착한 사마리아인이 아닙니까?

다주택자가 착한 사마리아인이건 아니건, 중요한 점은 한국 주택시장의 많은 문제점이 바로 '주택 구매 시스템'에서부터 잉태됐다는 것이다. 바로 개인들이 임대주택을 책임지는 시장 말이다.

이렇게 완전히 개인에게만 위탁해놓은 상태다 보니, 임대 방식(전세·월세·반전세·사글세 등)이나 임대주택의 수리(도배·장판만 할지, 부엌이나 화장실도 해줄지, 아니면 아예 안 할지), 나아가 임대주택을 담보로 대출하고 사업하다가 담보 부족으로 임대주택을 경매로 날리며 세입자의 전세보증금을 훼손하는 일도 비일비재하게 벌어진다. 이런 시장 실패 사례들이 바로 임대주택을 민간 개인에게 맡긴 결과들이다.

한국과 같은 구조(총 임대주택의 85% 이상을 민간 개인이 공급)에서는 임대주택시장의 위와 같은 문제점들이 더 많아진다 하더라도, 정부가 할 수 있는 일이 거의 없어진다. 기껏해야 대출시장을 규제하거나 완화하는 것, 세제를 규제하거나 완화하는 정도의 간접방식으로 임대시장에 개입할 뿐이다. 이쯤 되면 도대체 왜 이런 시스템을 40년 넘게 지속하고 있는지 의심이 들 정도가 된다. 물론 공공임대가 없는 건 아니지만, 그 비중은 아직 너무 적다.

2015년 말 발표한 통계청의 '개인별 주택소유통계자료'를 보면 역시 한국에서는 개인이 중심이 된 주택체계가 지속하고 있음을 알 수 있다. 2014년 11월 기준, 한국의 총 주택은 1,592만 호(다가구 미반영 수치)이고, 이 중 개인이 소유한 주택이 1,367만2,000호다. 그중 아파트는 790만 8,000호를 개인이 소유했고 2013년에 비해서 25만7,999호가량 증가했다. 어쨌든 주택을 산 사람은 당연히 현 체제 아래에서 더 증가했다.

이 중 과연 사마리아인은 몇 명일까? 주택을 2채 보유한 개인은 총 172만1,000명으로 전체의 13.6%에 해당한다. 3채 이상 주택 소유자(다주택자)도 30만5,000명이다. 여전히 우리 주변에는 약 200만 명의 2주택 이상을 보유한 (착하거나 나쁜) 사마리아인들이 존재한다.

집이 있어도
남의 집에 사는 사람들

한국에서 주택 공급을 말할 때 가장 모순적 지표가 '자가 점유율'일 것이다. 자가점유란 자신이 소유한 주택에서 실제로 사는(점유 중) 상태를 뜻한다. 현재 한국의 자가 점유율은 54%다. 즉, 자기가 소유한 주택에 사는 개인이 전체 주택에서 절반 정도 차지한다는 것이다. 우리는 앞서 만나봤다. '소유'라는 기준으로 봤을 때, 개인이 전체 주택의 80% 정도를 보유하고 있다는 걸.

소유율과 점유율 차이는 결코 적지 않다. 제집에 살지 않는 소유주가 많이 존재한다는 의미다. 가령 경기도에 자기 집이 있는데 임대를 놓고, 서울의 타인 집에 임차로 들어간 경우, 자가 점유에는 잡히지 않고 소유 통계에는 잡힌다. 그래서 자가 점유율 지표는 한국 주택시장의 민낯을 드러낸다.

가령 A 도시의 주택보급률은 100%이지만, 자가 점유율이 50%라면 해당 지역에 사는 가구 중 50%만이 자신들이 보유한 주택에서 살고 있다는 얘기다. 나머지 50%는 다른 지역에 자기 집을 보유하고 있다는 말이 된다. B 도시의 주택보급률이 100%이고, 자가 점유율도 100%라면 B 도시는 자신들이 보유한 주택에 실제 점유하고 있다는 것으로, 두 도시는 완전히 다른 내용의 주거상태를 보일 가능성이 크다.

한국의 자가 점유율은 2010년 말 전국을 기준으로 54.2%였다. 7대 도시의 자가 점유율은 49.6%고 기타지역은 58.0%로 도시지역이 낮다. 서울의 경우엔 특히 심각해서 총 가구는 350만인데 자가점유 가구는 144만 가구로 41.1%의 자가 점유율을 기록하며 전국 꼴찌였다.

서울이라는 도시는 주택보급률부터, 인구 천 명당 주택 수, 자가 점유율까지 한국에서 꼴찌를 도맡아 하는 도시로 진정 주거환경개선, 특히 주택 공급의 확대가 필요한 도시임이 드러난다.

자가 점유율은 한국의 산업화 역사와 함께 아이러니하게도 더 감소했다. 최초로 자가 점유율이 발표된 1970년의 자가 점유율은 무려 71.7%였다. 집주인이 자기 집에 사는 비율이 70%가 넘었다는 얘기다. 그런데 1980년대의 도시화·산업화 과정을 거치면서 자가 점유율은 급격히 하락해 58.6%로 낮아진다. 급기야 1990년 조사에서는 49.9%로 역사상 가장 낮은 수준까지 내려간다.

자가 점유율 통계는 거의 유일하게, 6공화국 때 주택 200만 호 공급이 이뤄진 시기에만 반등했다. 1995년 인구 총조사에서 53.3%로 약

3.5%포인트 상승한 것이다. 1기 신도시 공급과 함께 해당 신도시의 자가매입이 늘었다는 의미다. 그러나 이후 주택이 상당히 많이 공급됐는데도 한국의 자가 점유율은 1995년 53.5%에서 2000년 54.2%, 2005년 55.6%에서 2010년 54.2%로 큰 변화 없이 20년이 흘렀다.

정부는 지속적인 주택 공급에도 자가 점유율을 높이지 못한 이유를 '가구 분파'와 함께 직장 탓에 다른 지역의 주택에 살아야 하는 불가피함을 들었다. 자가 보유가구의 타가(다른 집) 거주비율이 증가한 데 원인이 있다는 것이다.

내 집은 경기도에 있는데 서울로 출퇴근해야 할 때, 경기도의 집은 전세를 주고 서울에는 본인이 전세로 사는 경우다. 한국에 1990년부터 2010년까지 무려 600만 호가 넘는 주택이 공급됐는데, 자가 점유율이 50%대에서 계속 유지되고 있다는 것은 한국 주택시장의 수요와 공급이 얼마나 불일치하는지 그 민낯을 보여준다. 직장과 주거 등의 불일치로 자가 점유율이 당최 높아지질 않으니 우리는 얼마나 많은 시간과 비용을 길에서 쓰고 있는 것인가?

소득 계층별로도 저소득층의 자가 점유율은 47.5%, 중간소득은 52.2%, 고소득은 69.5%를 보이며 고소득층의 자가 점유율은 높게 나타난다(당연한 얘기다). 한국 전체 주택의 점유형태는 2010년 말 기준, 자가가 939만 호로 54.2%, 전세는 376만 호로 21.7%, 보증부 월세는 314만 호로 18.2%였다.

서울은 이보다 낮아서 자가비중이 41.1%, 전세가 32.9%, 보증부 월세가 22.3%였다. 지역별로 서울과 경기도가 역시나 자가 점유 비중이 가장 낮은 시·도로 꼽힌다. 40%대의 점유율을 가진 지역은 서울과 경기도가 유일하다.

수도권은 거의 모든 주택지표에서 꼴찌를 두고 다툰다. 그러니 서울이나 경기도의 주거환경은, 임대주택의 비중이 높은 도시의 전형적인 특성을 따른다. 집주인들은 외부에 살고 임차인들만 가득한 도시, 그래서 임대주택이 관리가 되지 않는 도시, 그것이 한국 수도 서울의 실제다.

제 2 부

뉴스테이가 몰고 올 부동산 시장의 파문

재건축·재개발과 손을 잡은 자본이 임대시장을 지배한다

휴거를 부른 공공임대주택 실패와 주택시장 민영화

2016년, 휴거가 화두다. 휴거(携擧, rapture)는 원래 기독교 종말론에 등장한다. 그리스도가 세상에 다시 올 때 기독교인들이 하늘에 올라 그분을 만난다는 것이다.

> 예수님께서 돌아가셨다가 다시 살아나셨음을 우리는 믿습니다. 이처럼 하느님께서는 예수님을 통하여 죽은 이들은 그분과 함께 데려가실 것입니다. 우리는 주님의 말씀을 근거로 이 말을 합니다. 주님의 재림 때까지 남아 있게 될 우리 산 이들이 죽은 이들보다 앞서지는 않을 것입니다.
> 명령의 외침과 대천사의 목소리와 하느님의 나팔 소리가 울리면, 주님께서 친히 하늘에서 내려오실 것입니다. 그러면 먼저 그리스도 안에서 죽은 이들이 다시 살아나고, 그다음으로 그때까지 남아 있게 될 우리 산 이들이 그

들과 함께 구름 속으로 들려 올라가 공중에서 주님을 맞이할 것입니다. 이렇게 하여 우리는 늘 주님과 함께 있을 것입니다.

_《성경 데살로니가 1서》 4장 14~17절

한국에 휴거라는 말이 전국적으로 퍼지게 된 데는 감리회 목사 중 한 명이 1992년 10월 28일을 휴거일이라며 퍼트리기 시작한 것이 발단이었다. 필자는 당시 초등학교 5학년이어서 그때 일이 생생히 기억난다. 그날 9시 뉴스에서 휴거를 특집으로 다뤘지만 결국 아무 일도 일어나지 않았다.

2016년 대한민국에서 다시 화두가 된 휴거가 있다. 단 지금의 휴거는 종교적 의미가 아니라 바로 '휴먼시아-거지'라는 초등학생들의 신조어다. 휴먼시아는 LH(한국토지주택공사)가 2005년 주택공사 시절 사용하던 브랜드 대신 3억 원을 들여 도입한 분양형 공공아파트 브랜드다.

2011년 브랜드 사용을 중단할 때까지 LH가 공급한 임대아파트들에도 휴먼시아라는 브랜드를 폭넓게 사용했는데, 임대주택을 민간주택과 함께 짓도록 당시 법으로 강제했기 때문에, 휴먼시아는 민간 아파트 사이에 껴서 공급되어야만 했다. 그러자 일부 단지들에서 휴먼시아(임대주택)에 사는 아이들을 '휴거'라고 부르면서 단지 내 차별화가 문제가 된 것이다.

민간분양주택과 공공임대주택을 함께 공급한다는 것은 소셜믹스(Social Mix)라는 개념이다. 그러나 결과적으로 소셜믹스가 한국에서는 물과 기름처럼 전혀 섞이지 못한 대표적 실패사례가 됐다.

급기야 2016년 2월, 이 휴거라는 말들을 민간분양 단지 내 초등학생들이 사용한다고 언론기사가 났고, 요즘 애들은 서로 만나면 아빠 직업뿐 아니라 주소, 평수, 자가 여부, 자동차에 대해서 한참을 얘기한다면서, 애들이 '휴먼시아'라는 브랜드를 잘 알지도 못할 텐데 휴거라는 말을 쓴다면 부모들이 그렇게 가르친 것 아니겠느냐는 비판이 이어졌다. 이 보도 이후, 휴거라는 명칭은 1992년 때와 같이 다시 한 번 국민적 관심을 얻는 동시에 공분을 샀다.

전 세계에서 주택을 구매할 여력이 없는 가구를 위한 임대용 주택을 공급하는 것은 일종의 국가 과제다. 유럽을 비롯한 대부분 국가는 전체 임대주택 물량 중 약 60~70% 수준을 한국의 휴먼시아와 같은 공공임대로 공급한다. 그리고 나머지 30~40%를 민간임대로 공급한다. 민간임대도 민간 개인뿐 아니라, 민간 기업까지 모두 참여하는 방식으로 구성된다.

반면, 한국은 공공임대가 전체 임대주택시장의 13% 수준에 불과하고, 민간임대의 비중이 87% 수준에 이를 만큼 민간임대 비중이 절대적이다. 공공임대 물량은 총 주택(1,942만 호)을 기준으로도 5% 수준에 불과해 전체 주택 중 비중도 제일 낮은 축에 속한다. 임대주택시장이 불완전해 발생한 문제들을 소셜믹스한 단지 내 민간주택 거주자들의 인성 문제로만 돌리는 것은 근본적 해법이 될 수 없다.

이런 공공임대주택시장이 박근혜 정부를 만나 사라질 위기에 처했다. 바다 건너 유럽은 공공주택 공급을 확대하는데 2013년 출범한 현 정권의 주택 공급 방향성은 한눈에 봐도 공공주택 축소다.

신규 주택 공급은 크게 공급주체가 누구냐에 따라서 '공공'과 '민간'으로, 주택을 공급하는 방식에 따라 '분양'이냐 '임대'냐로 나뉜다. 이를 조합하면 아래와 같은 4분 면이 된다.

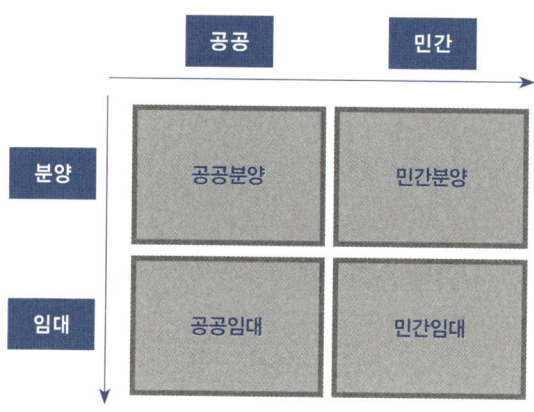

정부가 담당하는 공공주택 부문을 살펴보면, 역사적으로 공공주택이란 이름은 꾸준히 변경됐다. 임대의 형식도 다양했는데, 영구임대, 국민임대, 공공임대 등이 그것이었다. 기본적으로는 모두 공공이 공급하는 것이어서 공공주택이었고, 임대를 목적으로 했으므로 '공공임대' 주택이라 불렸다.

공공임대주택은 1997년 이전에 누적 9만 호로 극히 부족했으나, 이후 꾸준히 공급되면서 1998~2007년을 거치며 총 58만5,000호로 증가한다. 특히 노무현 정부 때 가장 많이 공급됐다.

이런 공공주택이 사업영역을 더 넓히고 본격적으로 확장기에 나서는 시기는 놀랍게도 이명박 정부(MB정부) 시절인 2009년부터였다. MB정부는 무주택 서민과 저소득층의 주거문제 해결을 위해 공공의 기능을 강화하기로 했다. 특별히 공공주택이 '임대'라는 기능에만 머물러 있음을 개선하고자 민간에만 있던 '분양'이라는 개념을 대거 도입했다.

분양형 공공주택은 당시로써는 아주 파격적인 정책이었다. 또한, 국민임대, 영구임대 등 다양한 이름을 가진 공공주택들을 모두 취합해 '보금자리주택'으로 용어를 통합했다. 더 파격적인 것은 공급량이다.

MB정부는 2009~2018년의 10년 동안 총 150만 호라는 임대주택 역사상 가장 대규모의 공급계획을 발표했다. 한국 공공주택의 역사를 완전히 새로 쓰는 대책이었다. 어떤 의미로는 마치 노태우 정권 시절 주택 가격 상승과 서민 주거 안정을 위해 1기 신도시를 공급했던 '200만 호 대책'에 버금가는 수준의 정책이었다.

보금자리 주택의 원활한 공급을 위하여 '보금자리주택건설 등에 관한 특별법'이 제정되고 곧바로 시행된다. 총 150만 호의 보금자리주택의 세부 공급계획은 영구임대주택 10만 호, 국민임대주택 40만 호, 10년 공공임대주택 20만 호, 장기전세주택(SHIFT, 시프트) 10만 호, 공공분양주택 70만 호였다. 합산해서 150만 호이고, 이에 따라 2009년부터

2018년까지 매년 약 15만 호의 공공주택(분양형 7만 호, 다양한 임대형 합산 8만 호)의 공급이 계획되었던 이 시기는 한국 공공주택시장의 전성기였다. 그러나 보금자리주택이 진행된 지 4년 후, 2013년 박근혜 정권이 들어서면서 전 정부의 유산인 보금자리주택은 말 그대로 고사한다.

박근혜 정부는 취임하자마자 이 보금자리주택 중 분양형 방식에 문제를 제기한다. 가격은 민간아파트보다 20% 정도 싼데도 공급량이 연 7만 호에 이를 정도로 많으니 주택시장을 교란한다는 이유로 분양형 공공주택의 공급량을 70% 이상 대폭 줄이는 방안을 발표한다. 현 정부 최초의 부동산 정책인 4·1 부동산 대책(2013. 4. 1 발표)이었다.

이 대책의 핵심은 분양형 보금자리주택 총 70만 호를 20만 호만 공급한다는 것이다. 50만 호나 줄인 것이고, 그것만 하더라도 지금껏 나온 대책 중 가장 큰 규모의 공급 감소 정책이었다. 다만 50만 호의 주택 공급을 삭제한다는 표현이 부담스러웠는지 언론 보도는 '연 7만 호에서 연 2만 호(를 10년 동안)'라는 표현으로 완곡하게 발표됐다.

보금자리주택이라는 이름 역시 2014년부터 폐지되고, '행복주택'이라는 이름으로 전환됐다. 행복주택이란 결국 다시 '공공임대' 주택만을 공급하겠다는 의미다. 행복주택은 2014년부터 2017년까지 총 14만 호의 주택을 공급하는 것이 골자다. 보금자리 계획과 비교하면 총 150만 호 대비 14만 호로 공급 규모에서 10분의 1에 불과하다. 이마저도 도입 주변 지자체의 민원으로 원활히 공급되지 못했다.

보금자리주택이 사라지면서, 잠시나마 도입됐던 '분양형' 공공주택은 한국에서 사라졌다. 물론 분양형 보금자리도 공급이 원활했던 것만은 아니다. 2012년까지 수도권에 32만 가구를 공급하겠다던 보금자리 대책은 2011년 말까지 고작 10만2,000가구를 공급했을 뿐이다. 공공주택이 들어오면 민간 재건축사업 등이 진행되지 않으리라고 염려한 조합들의 각종 청원이 주된 이유였다.

정부의 취지와는 달리 60㎡ 이상 주택에 대해서는 소득 순위에 상관없이 공공임대주택을 공급하는 실수도 나온 탓에 보금자리 분양은 나중에 민간에 매각할 수 있는 물건들이 나오며 급기야 '로또'로 불리기까지 했다. 이런 제도의 허점들이 결국 주택시장의 공급체계를 교란한다고 판단한 박근혜 정부가 4·1대책으로 이 정책을 폐기한 것이다.

공공주택시장의 변화를 가장 잘 설명하는 지표는 '주택 인허가'다. 주택 인허가란 주택 공급을 원하는 주체가 관할 시도에 주택 공급(사업인가)을 신청하는 것이다.

공공임대든 공공분양이든 민간분양이든, 주택을 건설하려면 사업 시행 인허가를 취득해야 하므로, 인허가 추이를 보면 공공주택의 공급 추이를 확인할 수 있다. 주택 인허가는 실제 주택을 짓겠다는 신호이므로, 보통은 주택 공급의 선행지표로 읽힌다.

주택 인허가 추이를 민간과 공공으로 나눠서 연도별로 발표한 자료를 보면, 2013년 4·1대책이 발표된 시점부터 공공주택 총 인허가(분양+임대형) 규모는 대폭 감소하기 시작한다. 과거 연평균 13만 호 수준에서 공급되던 인허가가 2013년에는 8만 호로 많이 감소하고 2014년에는 6

만3,000호로 더더욱 감소한다.

2015년에 7만6,000호로 다시 소폭 상승하지만, 여전히 8만 호에 미달하는 물량, 즉 과거보다 평균 5만 호 감소한 수준에서 공급되고 있다. 공공주택시장은 줄고 있다.

공공의 철수는 민간의 성장이라는 형태로 돌아온다. 2013년부터 민간주택의 공급 비중이 빠르게 상승한다. 한국 주택 공급 역사상 공공주택 공급량이 임대와 분양을 모두 포함해서 한 번도 10% 아래로 내려간 적이 없었다. 그러나 곧 10% 아래가 될 가능성, 다시 말해 민간이 90% 이상을 차지할 가능성이 커 보인다.

정부의 공공시장 철수 방침으로 민간이 성장하고 있다. 주택시장의 민영화는 이렇게 소리 없이 시작됐고 불과 3년 만에 달성되고 있다.

집 지을 땅을
공급하지 않는다면?

주택용 택지를 매입하고 주택을 공급해서 수익을 내는 사업을 주택 시행사업이라고 한다. 주식시장에 상장한 한 시행사의 회장단 워크숍에서 필자가 부동산 시장 전망을 설명하는 자리가 있었다. 그때 첫 화두를 이렇게 던졌다. "이제, 시행사들은 앞으로 5년이 생존을 위한 골든타임이고, 이 안에 변화하지 않는다면 모두 문 닫아야 합니다."

한국에서 35년이나 넘게 유지되어 온 LH와 같은 공공기관이 주택용 공공택지를 공급하는 방식은 앞으로 5년 안에 자취를 감출 것으로 예상한다. 정부의 과감한 택지공급 감소 계획 때문이다.

현 정부는 2014년 9·1 부동산 대책으로 LH가 추진하는 신도시 개발사업은 세종시·위례·동탄 등 2기 신도시로 사실상 종료했다. 이후 신규택지 건설을 위한 택지공급 규모를 과거 수준보다 훨씬 줄이겠다고 발표한다. 나아가 택지공급을 위해 1980년 제정한 '택지개발촉진법'도 폐지하기로 선언한다. 이 결정은 30년을 넘게 유지한 '공공에 의한 택지공급'이라는 시대의 종언을 선포한 것이다. 택지를 사들여야 생존할 수 있는 주택 시행사들의 목숨을 위협하는 발표였다. 필자는 시행사 회장단에 이를 언급한 것이다.

LH에 의한 한국의 택지공급 체계는 조성원가를 기준으로 하는 방식이 일반적이다. 특히 60㎡ 이하 주택용 택지를 공급하는 주택용지는 조성원가의 90%에, 60~85㎡용 택지는 조성원가의 110%에, 85㎡ 공급면적을 초과하는 주택용지는 감정가격에 공급하는 체계를 갖는 한국 택지시장은 주변 시세와 관계없이 조성원가로 매각됐다.

그렇기에 용지비, 부담금, 그리고 조성비 등 직접비가 토지원가의 85~90%를 차지하는 상황에서, 주변 시세보다 현저히 싸게 공급되는 공공주택용 용지는 사는 순간 곧바로 주변 시세만큼 상승을 기대할 수 있었기에 가히 로또만큼의 위력이었다.

공공은 토지의 조성원가를 분양원가나 감정가대로 싸게 공급했는데, 그 토지에 건설하는 주택의 분양가를 토지를 낙찰받은 민간 개발회사들이 주변 시세에 따라 분양한다는 것은 말 그대로 차익거래(무위험거래)가 아닌가? 그래서 이런 방식의 토지공급에 문제를 제기한 기관과 단체들이 수없이 많았다. 다행일지 불행일지는 몰라도, 이런 체제가 이제 5년 후 사라지게 된다. 공공의 택지공급 시대가 끝나간다.

공공주택용 택지는 현재 어떻게 공급되고 있으며 앞으로는 얼마나 더 감소할까? 주택용 택지는 일반인들이 접근하기 어려운 시장이어서 택지 수급이 주택과 부동산 시장에 미칠 영향에 대해서 곧장 이해하기는 어렵다. 하지만 본질적 측면에서 택지공급 감소는 주택 공급 감소와 일맥상통한다.

땅이 없는데 어디다 주택을 짓는단 말인가. 물론 정부가 아무런 대책 없이 공공택지를 없앤 것은 아님을 차차 알게 될 것이나, 대단위 택지공급이 없어진다는 것은 확실히 1990년대식과 같이 주택이 풍족하게 공급되는 기회도 사라진다는 뜻이다.

한국의 택지 공급은 10년 단위로 조사된 중장기 주택 수요조사에 기반을 두고 이뤄진다. 주택 수요조사 후 주택별 필요 택지면적이 도출된다.

1인 가구가 증가하는 추세인지 3인 가구가 증가하는 추세인지 등에 따라 주택당 소요면적도 다르다. 주택 1호당 필요 택지면적을 택지 원단위라 칭하는데, 총 필요 세대수에 택지 원단위를 곱해 총 택지 소요량을 산출하고, 그 양만큼 계획대로 공급하는 게 택지공급 절차다.

다만, 택지공급은 공공만 하는 것은 아니다. 이미 토지 민영화를 통해서 (민간) 개인이나 기업이 소유한 구도심 내 부지나, 전국에 분포된 택지가 있기 때문에 제2차 주택종합공급계획에서 공공·민간의 부담률을 52%(공공)와 48%(민간)로 배분했다. 민간도 주택용 택지공급에 동참하라는 의미였다.

정부의 제2차 주택종합공급계획에서 한국은 2013~2022년까지 연평균 39만 호의 주택 수요가 발생하고, 이를 공급하는 데 필요한 택지 면적이 10년 동안 총 571.1㎢로 조사됐다. 이 중 공공이 52%를 부담하기로 했으므로 부담 면적은 10년간 총 301.3㎢고, 연평균으로는 30.1㎢다. 3.3㎡ 단위로 환산하면 연평균 공공택지가 약 900만 평이 필요하다는 의미다.

택지가 많이 필요한 지역은 서울, 경기를 포함한 수도권이다. 수도권에만 전체 소요량의 60%인 총 18.3㎢의 택지가 필요한 것으로 조사됐다. 세종시 등이 들어선 충청권에는 4.6㎢, 호남권이 1.7㎢, 동남권이 2.8㎢의 공공택지가 필요하리라 내다봤다.

서울·경기를 포함한 수도권은 인구 천 명당 주택 수, 주택보급률, 자가 점유율 등 주택 공급 지표 거의 전 부문에서 전국 꼴찌를 다투는 만큼, 수도권 택지공급을 통한 주택 공급은 어떤 정부를 막론하고 필수적 과제라 할 것이다.

정부는 이미 2014년 9·1대책을 발표하기 3년 전부터 주택을 공급하는 데 필요한 소요량(연평균 30㎢)보다 훨씬 부족한 면적의 토지를 공급하기 시작했다. 감소하기 시작한 시점은 MB정부 말기인 2011년부터다. 2011년 공공택지 공급량은 2010년 55㎢보다 거의 70% 이상 감소한 15㎢였다. 2012년에도 17㎢에 불과했다.

2014년에는 급기야 7㎢로 역사상 가장 낮은 공공택지 공급량을 기록했다. 택지 시장에서는 일대 파란이었다. 이제 시행사들은 택지 확보가 사상 최대의 과제가 되기 시작하며, 택지 입찰경쟁에 불이 붙기 시작한다. 10㎢ 미만의 공공택지 공급은 1992년 통계조사 이후 가장 낮다.

2014년 9·1 부동산 대책을 발표하면서 재건축의 연한을 10년 단축한다는 내용과 함께, 택지 공급의 기반이 된 택지개발촉진법을 폐기 결의했다.

그동안 한국은 택지개발촉진법을 통해 분당, 평촌, 일산, 중동, 산본 등 1990년대 제1기 신도시를 포함해서 판교, 세종시, 위례, 동탄, 검단, 김포한강, 파주 등 2010년대 제2기 신도시까지 거의 모든 신도시의 신규택지를 이 법을 통해서 공급했다. 충격은 클 것이다. 땅을 사야 사업을 영위할 수 있는 시행사의 최고경영자들은 밤에 잠도 잘 오지 않을 정도다.

더 심각해 보이는 것은 미래 택지 수급이다. 신규택지를 공급하기 위해서는 매년 새롭게 택지를 '지정'하는 절차를 거쳐서, 물리적인 정비 작업이 필요하다. 그런데 이 지정 물량의 규모를 보면 현저히 감소하고 있다. 특히 2013년 신규택지 지정 물량은 불과 0.5㎢로 필요량에 대비해 너무나 적다.

현재 LH공사의 택지 보유 물량은 약 100㎢ 정도(2015년 말 기준)로 추산된다. 2015년에, 계획한 물량인 7㎢ 대비 1.5배 이상 증가한 17㎢의 택지를 판매하며 실적을 급격히 끌어올린 LH공사였고, 2016년에도 10㎢의 택지 판매 계획이 있는 만큼, 시장에서 5년가량은 소화할 물량을 보유했다.

그러나 2020년 시점을 전후한 어느 해부터는 공공택지 공급시장은 재고소진으로 소멸할 것이다. 정부는 이제 공공주택에서뿐만 아니라 공공택지 시장에서도 철수한 셈이다. 최소한 공급 측면에서 이렇게까지 파격적으로 감축한 정부는 여태 없었다.

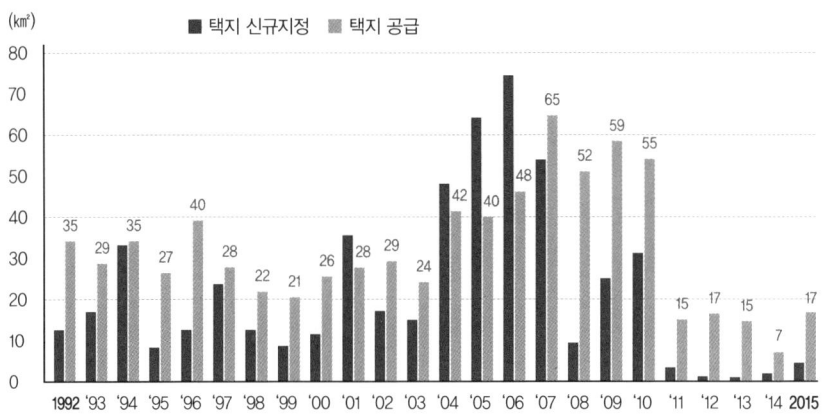

자료 : 통계청, 하나금융투자

주택시장의 금수저,
아파트 재건축

강남구 은마아파트, 서울 강남구 대치동 삼성로 212번지의 이 아파트 단지의 정식 명칭은 한보 은마아파트다. 거의 모든 재건축 관련 뉴스에서 이 아파트는 단골로 등장한다. 하도 자주 거론되다 보니 강남 거주자가 아니어도 이 아파트의 존재를 다 알 정도다.

한국의 강남 개발은 1963년에 강남구 지역이 서울로 편입되고 그 뒤 한강 이남에 초대형 주거단지를 건설하기 시작하면서부터였다. 당시 건설된 단지들은 지금까지도 유명한 '압구정 현대아파트 단지', '잠실 주공아파트 단지', '한보 은마아파트 단지', '개포주공아파트 단지'로, 이들 단지는 타 단지와 비교해 규모 면에서 압도적이었으므로 강남 빅4로 불린다.

은마아파트는 필자에게도 인연이 있다. 2002년 대학 3학년 때 이 은마아파트의 재건축 수주전에 외주인력으로 고용돼 일한 적이 있다. 수주전(受注戰)이란, 말 그대로 아파트의 재건축 공사를 수주하려고 다수 건설사가 벌이는 영업활동을 뜻한다.

건설사의 수주인력이 부족했기 때문에 외부 인력을 추가로 고용했는데, 당시 학생 신분이었지만 대학원 선배들과 함께 팀을 짜서 은마아파트의 조합원들을 찾아가 수주 영업하는 일을 한 것이다.

4,424세대에 이르는 주택 수에 혀를 내두를 만큼 이 아파트 단지는 거대했다. 단지의 배치 역시 독특하여 장미 모양이라고 알려졌지만, 길이 복잡해서 당최 어디가 어딘지…, 개인적인 느낌으로는 미노타우로스의 미궁과 같아서 실을 풀고 다니고 싶었다.

은마아파트의 준공연도는 1979년 12월이다. 2000년대 초 재건축 사업은 준공 후 20년이 지나면 할 수 있던 대단한 재건축 '촉진기(期)'였으므로, 준공 후 23년이 지난 2002년에도 은마아파트 재건축 수주전이 일어난 것이다. 은마아파트뿐 아니라, 이 시점에 강남 빅4로 거론된 많은 단지에서 재건축 수수전이 벌어졌다. 한국에 최초로 '재건축'이라는 사업모델이 광범위하게 확산한 시점이 바로 이때다.

앞서 우리는 알게 됐다. 한국 정부가 공공주택뿐만 아니라 공공택지도 공급을 억제하고 있다는 것을. 그런데 정부도 적극적으로 촉진하는 사업이 있다. 바로 은마아파트 재건축과 같은 구도심 재생사업이다.

노후한 구도심은 이미 개발된 상태이므로 주택만 재건축 혹은 재개발하면 기존의 인프라를 그대로 쓸 수 있기 때문에 전체 비용면에서 상당히 효율적이다. 따라서 정부는 재건축·재개발과 같은 정비사업을 통해 구도심 안에서 신규 주택 공급을 확대하는 방식을 장려하고 있다.

정부의 재건축 촉진 정책의 정수는 2014년 9월 1일 발표한 9·1대책이다. 내용에서는 크게 2가지 목표를 담고 있다. 규제 합리화로 시장 활력 회복 그리고 서민 주거안정 강화다. 재건축 활성화에 가장 중요한 영향을 미친 정책은 재건축 연한을 최장 40년에서 30년으로 10년 단축한 것이다.

재건축 연한이라는 것은 주택 준공 후 일정 연도가 지나야만 사업을 진행할 수 있는 연식을 뜻한다. 가령 재건축 연한이 20년이라면 준공 후 20년경과 시, 연한이 40년이라면 준공 후 40년경과 시 재건축이 가능해진다.

전국 재건축 대상 아파트의 연한이 40년(2014년 기준)이고, 이를 30년으로 감소시켜 준 것이 9·1 부동산 대책이다. 연한을 10년 단축했다는 것은 재건축 시점의 도래 시기를 10년 빠르게 해줬다는 의미다.

필자가 은마아파트 재건축 수주전을 할 당시에는 주택 재건축 연한의 최댓값이 불과 20년이었다. 준공 후 20년이 지나면 상황에 따라서 주택을 새로 지을 수 있는 환경이었다. 그래서 1978~79년 준공된 강남 빅4 단지들이 일제히 재건축을 신청하기 시작하고 순서대로 재건축이 진행되기 시작한다.

그러나 서울 전역이 재건축 추진 행렬에 동참하기 시작하자, 나머지 아파트들도 재건축의 가속화는 '나름 살 만한' 주택을 헐고 새로 주택을 짓는 것이 낭비라는 비판이 일기 시작했다.

서울시는 급기야 재건축 연한의 셈식을 2003년 12월에 개정한다. 셈식을 바꿔 재건축 연한을 기존 20년에서 40년으로 두 배 늘렸다.

서울에서 재건축을 하려고 한다면, 22년+(준공연도-1982년)×2를 한 값이 해당 주택의 연한이 됐다. 가령 서울에서 1984년에 준공한 주택이라면 이 주택의 연한은 22년+(1984년-1982년)×2=26년이다. 연한 26년의 주택은 준공된 지 26년 지나면 재건축할 수 있으므로, 2010년(1984년+26년)에 재건축을 할 수 있게 되는 셈이다. 같은 방식으로 1987년에 준공한 주택은 22+(1987-1982)×2=32년의 연한을 가진다. 이 주택은 준공 후 32년이 지나는 시점이 2019년(1987년+32년)이므로, 이 시점에서야 재건축할 수 있다.

정부는 이런 재건축 연한 셈식의 최댓값을 그간 40년으로 유지했다. 즉, 1991년 준공된 주택의 연한이 40년이고 1992년 준공 주택의 연한은 42년이 나오지만, 최댓값을 40년으로 해왔던 것이다.

이 최댓값이 정부의 9·1대책을 통해 40년에서 30년으로 10년이 감소했다. 어떤 일이 발생할까? 대책 발표 후 양천구 목동의 주택가격이 일제히 올라버렸다.

1986년에 준공한 목동의 주택은 옛 셈식에서는 재건축 연한이 30년이다. 그럼 재건축 대상 시점이 2016년(1986+30)이 된다. 1987년 준공 주택은 재건축 연한이 32년이므로 대상 시기는 2019년(1987+32)이었다.

최댓값이 30년으로 줄어들자, 1987년 준공 주택의 연한이 곧바로 30년이 되고, 이는 곧 재건축 시점이 2017년(1987년+30년)으로, 기존 2019년과 비교해 2년이나 단축된다. 같은 방식으로 1988년 준공 주택은 기존에는 2022년에 재건축이 도래(1988년+34년)했지만, 개정한 제도에서는 2018년(1988년+30년)으로 4년 짧아진다.

재건축 연한의 도래 시점이 단축되면서 파문이 일었다. 1989년 준공 주택은 6년, 1990년 준공 주택은 8년, 1991년 준공 주택은 10년이 단축됐고, 1991년 이후에 준공한 주택은 모조리 10년이 단축됐다. 서울 양천구 목동 지역의 주택 대다수는 1986~1987년에 준공됐으므로 9·1대책 효과가 가장 빠르게 적용되는 단지로 인식되며 대책 발표 직후 곧바로 가격이 상승했던 것이다.

부동산 시장에서 가격에 영향을 미칠 대책은 상당히 빠르게 반영된다. 9·1대책은 이후 1987~1988년 준공된 노원구 상계동과 중계동 일대로 번졌고, 이후 1988~1989년 준공된 송파구 일대로 다시 옮아갔다.

재건축 연한 도래 표: 9·1대책 이전과 이후 비교

준공연도: A	1985	1986	1987	1988	1989	1990	1991	1992	1993
9·1대책 이전 재건축 연한(년): B	28	30	32	34	36	38	40	40	40
재건축 대상 시기: A+B	2013	2016	2019	2022	2025	2028	2031	2032	2033
9·1대책 이후 재건축 연한(년): C	28	30	30	30	30	30	30	30	30
재건축 대상 도래: A+C	2013	2016	2017	2018	2019	2020	2021	2022	2023
단축연도(년): C-B	0	0	2	4	6	8	10	10	10

주택시장의 게임체인저, 뉴스테이의 확산

한국의 주택시장은 앞으로 어떻게 달라질까? 앞서 여러 차례 언급한 '민간 기업형 임대주택', 즉 뉴스테이에 대해서 살펴보자.

먼저 어떤 나라의 임대시장을 알려면 전체에서 자가 점유율을 빼면 된다. 한국은 자가 점유율이 54%이므로 임대시장은 46%에 해당한다. 2014년 1,942만 호의 주택을 기준으로 본다면 자가 점유 1,048만 호, 임대 893만 호가 된다.

893만 호에 이르는 임대주택시장의 공급자는 '공공'이거나 '민간'이고, 공공과 민간의 수를 조사해서 나눠보면, 공공임대가 총 117만, 민간임대는 776만 호다. 전체 임대주택에서 공공임대가 13%, 민간임대가 87%를 차지한다.

그런데 민간임대 중 '민간 기업' 임대가 1만4,000호에 불과해, 한국의 민간임대시장은 개인이 99.8%, 민간 기업이 0.2%뿐이다. 전체 임대주택시장에서 민간임대의 비중이 이토록 높은 나라는 한국, 일본 등 소수에 불과하고, 민간임대에서 개인 비중이 이렇게 높은 나라는 세계에서 한국이 유일할 정도다.

유럽은 공공임대주택시장이 상당히 발달해 전체 임대주택시장의 60~70% 수준을 공급할 정도로 높은 비중을 차지한다. 맨 앞장에서 보여준 도표를 다시 한 번 꺼낸다. 부동산 시장의 미래는 이 숫자에서부터 나왔다는 걸 새삼 알게 된다.

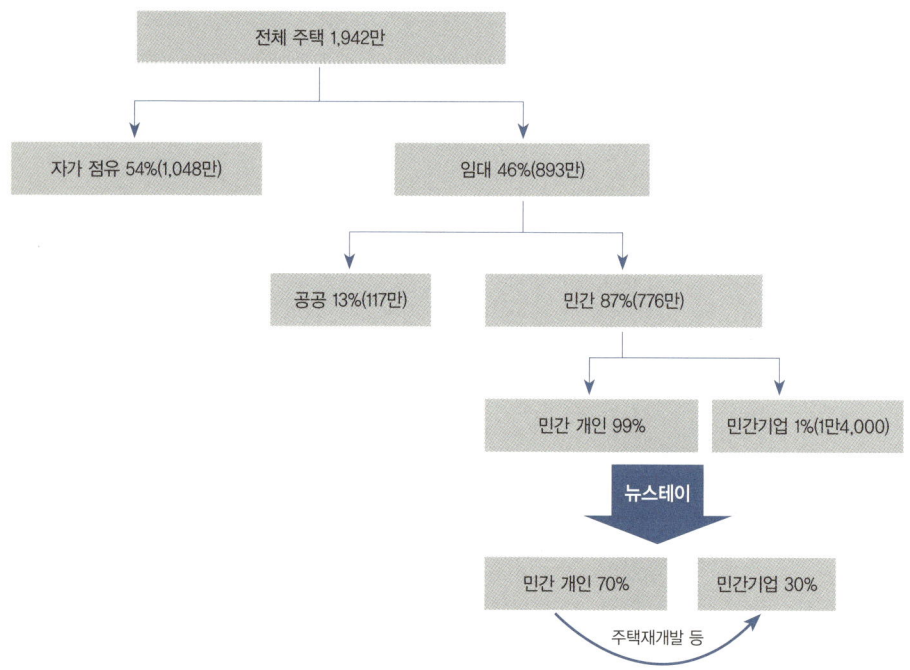

> 한국 주택시장의 구조표, 임대시장이 타 국가 대비 큰 것도 특징이지만, 민간 임대 비중이 높고 민간 개인이 절대비중을 차지하는 것이 더욱 큰 특징. 뉴스테이는 민간 기업의 임대시장 비중을 높이고 민간 개인의 비중을 낮추려는 것이 목적.

'민간 개인'이 주도하며 왜곡시키는 임대주택시장을 바꾸고 싶던 정부는 그래서 '민간임대' 중에서도 '민간 기업'의 확대를 원했다. 마침내 민간 기업형 임대주택, 즉 뉴스테이를 2015년 8월 도입하기에 이른다.

뉴스테이를 서울·경기 등 구도심의 노후한 단독주택(빌라)을 그대로 둔 상태에서 외곽 지역에 추가 공급하는 데에만 치중한다면 근본적인 임대주택시장의 변화가 오지 않으리라고 본 정부는 한 단계 더 나아간다. 뉴스테이를 노후주택 정비사업인 재건축·재개발 사업과 연계하는 방식을 모색한 것이다.

그 방식이란 정비사업에서의 조합분양과 일반분양으로 나뉘는 총 공급물량 중, 조합분양은 기존처럼 조합이 분양을 받되, 일반분양은 현재 개인에게 낱개로 분양하는 방식에서 벗어나 민간 기업들에게 전부를 매각하는 것이다. 그러면 사업주인 조합 처지에서, 조합분양과 일반분양(기업에 매각)이 모두 분양되었으므로 해당 사업은 원활히 추진될 수 있게 되었다.

동시에 국가적 관점에서도, 우리나라의 노후주택이 신규주택으로 정비되었고, 임대시장 구도 면에서도 개인이 매수하는 것이 아니라 기업이 임대목적으로 매수하는 것이므로 기업 소유의 주택이 등장하게 된 것이다.

정부는 이런 형태의 민간 기업형 임대주택 사업을 촉진하기 위해서, 민간 기업이 임대주택을 공급하게 되면 해당 용도지역의 용적률을 법정 상한으로 높여 줄 수 있도록 한 인센티브 규정을 둔 법률을 2015년 제정했다. 민간 기업들은 집합투자기구(부동산 리츠나 펀드) 형태로 주택을 사기 때문에, 집합투자기구의 설립기준도 완화할 필요가 있어서 완화했다. 그렇게 법이 연말연시 조용한 분위기 속에서 시행(2015년 12월 29일)된 후, 한국에는 민간 기업형 임대주택, 뉴스테이의 판이 깔렸다.

법 시행 직전인 2015년 11월과 12월을 즈음하여, 3건의 정비사업 연계형 뉴스테이 사업이 출현한다. 2016년 1월, 국토부는 민간 기업들이 실제 주택을 사들이기 시작하자, 본격적으로 기업의 주택 구매 지원을 장려하기 위해서 주택도시보증기금을 활용하기로 한다.

인천의 청천2구역, 십정2구역과 광주 누문지구 같은 도시정비사업에 민간 기업의 관심이 높아졌다는 걸 확인했기 때문이다. 2016년 1월, 전국의 재건축·재개발 조합을 대상으로 민간 기업에 주택을 매각할 의사가 있는 조합들의 사업신청을 받기로 했다. 그 결과가 2016년 2월 17일 발표됐다.

이 모집에 예상을 웃도는 37개의 조합이 신청했다. 신청한 조합이 많아져 원래 선정할 예정이던 수보다 3배를 늘린 15개 조합이 선정됐다. 이들 조합은 각자 조합총회를 열어, 뉴스테이를 도입하기로 했다. 일반분양을 대신해 기업에 매각하기로 한 주체들로 그 물량만 5만4,000

호가 넘었다.

선택된 15개 조합은 지역별로 배분됐다.

먼저 △서울에서도 최초로 정비사업과 연계한 기업형 임대주택 사업 모델을 강북2구역 도시환경정비사업에서 받아들였고, 그 규모는 333세대다.

△경기도는 경기 고양 능곡6구역, 의정부 장암생활권 3구역, 파주 금촌2동 2지구 재개발사업이 선정됐다.

지자체 중 가장 빠르게 민간 기업형 임대주택 사업을 확산하고 있는 △인천에서는 총 6개 구역이 선정됐다. 금송 재개발사업, 송림초교 주변 주거환경개선사업, 도화1구역 재개발사업, 부평4구역 재개발사업, 미추8구역 재개발사업과 송림1/2동(현대상가) 재개발 사업이 그것이다.

비수도권 지역에서는 △충남이 천안 원성동 재건축 사업에서 기업형 임대주택 모델을 받아들였다.

△대구는 내당 내서 재건축 사업에서, △부산은 우암1구역, 우암2구역, 감천 2구역 재개발 사업에서 이를 도입하기로 확정했다. 선정된 15개 조합사업의 민간 기업형 임대주택 매각물량은 합산해서 2만 4,000호다.

민간 기업이 재건축·재개발 등 도시정비사업을 통해서 임대용 주택을 매입하기로 한 수량은 이제 9,500세대(2015년 말 3건)에서, 2만3,638세대(2016년 초 15건)가 추가됐다. 국토부는 2016년 하반기에도 이와 같은 민간 기업형 임대주택 사업 후보지를 추가 신청받기로 했다. 민간 기업의 주택매입 규모는 더 증가할 것이다.

2016년 상반기 뉴스테이 연계형 정비사업 후보구역 선정 결과

지역	선정구역 (개)	사업명	뉴스테이 공급가능 물량 (가구)
서울	1	강북2구역 도시환경정비사업	333
경기	3	고양 능곡6구역 도시환경정비사업	2,278
		의정부 장암생활권3구역 재개발사업	603
		파주 금촌2동2지구 재개발사업	666
인천	6	금송 재개발사업	1,942
		송림초교주변 주거환경개선사업	1,384
		도화1구역 재개발사업	1,524
		부평4구역 재개발사업	1,784
		미추8구역 재개발사업	2,744
		송림1,2동(현대상가) 재개발사업	1,951
충남	1	천안 원성동 재건축사업	1,800
대구	1	내당내서 재건축	356
부산	3	우암1구역 재개발사업	1,776
		우암2구역 재개발사업	2,691
		감천2구역 재개발사업	1,806
총계	15	-	2만3,638

은행도 임대주택을 공급하는 현실, 한국에 뉴스테이 전성시대가 열린다

2016년 3월 14일, 하나금융지주는 외환은행(KEB)과 합병하면서 발생한 약 60여 개 중복 은행점포 부지를 재정비해서 주거용 오피스텔을 공급하는 '민간 기업형 임대주택' 계획을 발표했다. 물량은 2018년까지 총 1만 호에 이른다(글을 쓰는 현재 KT도 도심형 임대주택 공급을 발표했다.).

지금까지는 재건축·재개발과 연계하는 형태의 뉴스테이가 주로 관심을 받았다면, 하나금융지주의 발표로 민간 기업이 보유한 구도심 택지도 주택용지가 될 수 있다는 점에서 일반 대중은 높은 관심을 보였다. 이런 형태의 사업을 '민간 제안형'이라 하는데, 많은 민간 기업 중에서도 보수적인 은행그룹이 참여했다는 점에서, '뉴스테이가 사업성이 좋을 수 있다'는 생각을 하게 했다.

국내에서 민간 제안형 뉴스테이의 첫 사례는 2015년 인천 도화지구 뉴스테이 사업이다. 이 사업은 국내 대형건설사인 대림산업이 제안했지만, 부지가 충분하지는 못해서 사업의 연속성은 떨어졌다. 그런데 민간 기업 중 구도심에 다수의 사업용 용지를 보유한 은행권(하나금융, KB금융 등)과 KT(한국통신), 한국전력이나 유통 공룡인 롯데그룹과 같은 그룹들이 참여를 검토한다는 소식이 알려지기 시작했다.

전국의 요지에 사업용 택지를 확보한 민간 대기업 그룹들은 임대주택 사업이 수익성이 확보될 수 있다고 판단한 듯하다. 그들은 주택 임대사업에 진출하는 것을 검토하고 있다. 하나금융지주는 그중 사업발표가 가장 빨랐을 뿐이고, 곧 다른 민간 대기업들도 이 변화에 동참할 것이다. 소위 뉴스테이 전성시대가 열리는 것이다.

민간 기업형 임대사업자들을 민간 개인형 임대사업자들이 우글거리는 정글로 진입시키기 위해서, 정부는 뉴스테이 사업에 용적률 상향이라는 인센티브 규정을 두었다.

뉴스테이는 앞으로 총 3가지 방식으로 추진할 것으로 예상한다. 첫째 방식은 청천2구역, 십정2구역 등과 같이 재건축·재개발과 연계한 '정비사업 연계형'이다.

정비사업에서는 기본적으로 조합분양과 일반분양 물량이 발생하는데, 그 일반분양 물량을 기업이 통째로 매수하는 형태다. 규모도 가장 클 뿐 아니라, 길게 지연되던 재개발·재건축 사업을 부활시키는 형태여서 한국 주택시장에 가장 파급력이 큰 사업방식이다.

둘째 방식은 하나금융지주의 은행지점을 재개발하는 것처럼 민간 기업이 보유한 구도심 토지를 재개발하는 '민간 제안형'이다. 민간 제안형은 앞으로 민간 대기업들의 참여도가 중요해지겠지만, 토지의 효용성을 높일 수 있다는 측면에서 많이 도입될 것이다.

마지막 셋째 방식은 기존부터 '공공임대주택'이라는 이름으로 시행되던 LH공사가 보유한 토지에 임대주택을 공급하는 것이다. 다만 이 형태는 사업주체만 공공에서 민간으로 넘어간 것이어서 임대주택의 물량 자체에는 변화가 없는 'LH형'이다. 이 중 가장 빠른 진행은 LH형이었지만, 첫째와 둘째 방식의 뉴스테이인 정비사업 연계형과 민간 제안형이 임대주택시장의 판을 바꿀 게임 체인저다.

주택시장의 만년 조연 단독주택, 뉴스테이와 함께 주연이 된다

주택 재건축·재개발은 같은 법으로 추진되기에 형제와 같다. 그러나 재건축이 주택시장에서 항상 주목받아왔던 엄친아 같은 존재였다면, 재개발은 늘 천덕꾸러기 신세였다.

강남 대치동 은마아파트나, 반포의 최고가 단지들인 삼성 래미안 퍼스티지, 반포 자이의 경우에도 각각 구반포 2단지와 3단지가 재건축된 것으로 재건축은 항상 고가 주택과 초고층을 연상시키고, 그렇기에 한국 주택시장의 주인공이었다.

재개발은 재건축과 달리, 오래된 주택을 정비한다는 성격에서는 같은데도 늘 재건축과 비교당하며 주목받지 못했다. 재건축은 보통 아파트만 해당하는 것으로 이해하기 쉽지만, 5층 이하의 공동주택이나, 단독주택들이 밀집한 지역을 재건축하는 경우도 있다. 이를 모두 총괄

하는 법적 용어가 주택 재건축이다. '재건축'이 마치 아파트의 전유물로 오해되는 경향이 있지만, 단독주택 단지들도 재건축을 한다.

박근혜 정부가 펴는 부동산 대책으로 최대 혜택을 볼 군이 아파트에 이어 단독주택이 추가될 기세다. 그 이유는 청천2구역, 십정2구역 그리고 2016년에 뉴스테이를 추진하려 했던 37개 조합 사례에서처럼 재개발 쪽에서 뉴스테이를 받아들이는 것이 구도상 더 유리하기 때문이다.

우리는 십정2·청천2 재개발, 광주 누문 도시환경정비사업이 민간기업형 임대주택, 즉 뉴스테이를 받아들였다는 사실을 안다. 이들 사업은 애초 정비사업으로 지정된 후 약 7년 이상을 허송세월한 프로젝트들이다. 그런데 뉴스테이를 받아들이자마자 6개월도 안 돼서 곧바로 재추진됐다. 어떻게 이것이 가능했을까?

정비사업을 가동한 핵심은 민간임대법에서 보장한 용적률이다. 기존 방식대로라면 십정2구역의 경우 조합물량 2,177호가 총 3,048호로 재개발되는 형태였다.

그런데 인허가권자인 인천 부평구는 용적률을 기존 안보다 약 50%포인트 상향해주는, 법에서 보장한 인센티브를 사업주체인 십정2구역 조합에 선사한다. 그 결과 이 사업의 용적률은 무려 340%로 올라간다. 증가한 용적률 덕분에 총 분양세대(조합+일반) 수가 기존 3,048호에서 무려 총 5,100호로 급증했고, 일반분양 수만 약 1,000세대에서 3,000세대로 증가한다.

재개발 조합은 법에 따라 토지의 용적률이 상승했기 때문에, 일반분양 물량을 많이 증가시키며 조합의 사업수익을 높일 수 있게 됐다. 주택을 매입한 기업 역시 시세보다 최소 10~20% 싸게 주택을 매입했는데, 이를 통해 임대사업의 수익성을 높일 수 있다는 계산이 나온다. 민간임대법이 보장한 개발이익을 서로 나눈 셈이다. 또 장기적으로 추진하지 못한 사업을 다수 보유한 관련 지자체도 사업의 시행으로 사회경제적 측면에서 긍정적 영향을 받게 됐다. 모두가 승리자인 것이다.

단독주택 중심의 주택 재개발, 재건축이 뉴스테이 도입 여건에서 아파트보다 상대적으로 더 유리한 고지를 확보하는 것은 아파트 재건축의 경우 전체 대상 주택 수가 2015년 말 기준으로 약 24만 호 수준으로 적은데 반해, 주택 재개발은 당장 지정된 것만 108만 호가 넘어 전국에 분포되어 있기 때문이다. 규모 면에서 둘은 비교가 되지 않는다.

물론 아파트 재건축 역시 재건축 연한 도래가 빨라져 앞으로 10년간 정비사업이 가능한 물량이 260만 호 이상 증가하겠지만, 같은 개념이라면 준공 40년이 넘은 단독주택을 750만 호 이상 확보한 주택 재개발이 더 신속하고 광범위하게 뉴스테이를 받아들이게 될 것이다.

'뉴스테이 법'의 효과를 구경한 전국 주택 재건축, 재개발 조합의 운영진은 또 다른 사실도 깨달았다. 재개발·재건축 연계형 뉴스테이 사업 모델을 선택한다면 일반분양을 하기 위해 인력을 채용하고, 분양 홍보도 하며, 모델하우스 등을 만드는 데 쓸 비용을 들이지 않아도 된다는 점이다.

뉴스테이는 일반분양이라는 절차를 아예 없애 버린다. 그것은 주택사업의 원가가 기존 대비 절감되는데 분양매출은 그대로 유지된다는 의미이기에, 조합의 수익성은 더욱 개선될 수밖에 없다.

가장 결정적으로 뉴스테이는 조합 처지에서 봤을 때 일반분양의 리스크조차 없다. 분양률에 연연할 필요가 없다는 것이다. 왜냐하면, 기업이 모든 분양주택을 일괄 매입하기 때문이다.

이렇게 완전히 새로운 방식의 등장, 요즘 표현대로 게임 체인저라 할 뉴스테이 방식에 주택 재건축, 주택 재개발 조합은 열렬히 환영했다. 단독주택이 한국 부동산 시장의 주인공이 되는 시대가 열린 것이다.

주택 재건축·재개발 촉진으로 임대료는 상승 장기화한다

2011년 준공한 흑석동 C단지 84㎡의 전셋값은 당시 3억 원에서 3억 5,000만 원 수준이었다(국토부 실거래가 기준). 그런데 2014년 1분기 전세거래가격이 4억 원 후반대에서 거래되더니, 2015년 10월엔 6억5,000만 원에서 6억6,000만 원으로 상승하고, 거의 7억 원에 가까운 전세가를 보였다. 서울 동작구 흑석동의 전셋값이 심상치 않다. 그런데 이런 곳이 흑석동만일까?

    이 아파트 단지가 갑자기 살기 좋아져서 전셋값이 급상승한 것은 아니다. 전세를 놓는 착한 사마리아인들이 감소하는 것이 가장 큰 이유이고, 신반포 일대의 재건축이 활성화하기 시작하면서 임차가 필요한 세대가 대거 유입된 것이 두 번째 이유다.

    정부가 재건축과 재개발을 다양한 방법으로 촉진하기 시작하면서,

그 반대급부로 임대료가 급상승하는 지역이 나타나고 있다. 많은 언론도 이를 지적하고 있다. 실제로 재건축·재개발이 본격적으로 활성화하면 앞으로 어떤 일이 발생할지를 살펴보면 정신이 아득해질 지경이다.

9·1대책의 효과가 아파트 재건축 시장에 적용되는 경우만 먼저 상상해보자. 아파트 재건축만을 보기 위해 인구주택총조사에서 5년마다 공급된 아파트만을 대상으로 하겠다.

1986년부터 1990년까지의 5년간 공급된 아파트 수가 80만 호다. 기존의 재건축 연한(상한 40년)대로라면 80만 호 재건축 사업은 약 12년에 걸쳐 나뉘어 사업화된다. 1986년 준공 주택은 준공 30년 후인 2016년에 시작하지만, 1990년 준공 주택은 연한 38년을 더한 2028년에 재건축되기 때문이다. 2016년부터 2028년까지 긴 기간 동안 순서대로 시행될 재건축 물량은 연평균으로는 약 6만 7,000호(80만 호/12년)에 해당한다.

9·1대책으로 1986년의 재건축 가능 시점이 2016년, 1990년의 재건축 시점이 2020년(1990년+30년)이 되어버렸으므로, 이제는 5년 만에 80만 호의 아파트가 사업을 시작할 수 있게 됐다. 연평균으로는 16만 호(80만 호/5년)가 된다. 이는 기존의 재건축보다 두 배 이상 큰 숫자다.

더 큰 효과는 그 후에 나타난다. 바로 1기 신도시로 집약되는 주택공급의 절정기 물량이 재건축 연식에 도달하는 시점이 기존에 2030년대였다면, 9·1대책 체제에서는 2020년대로 10년 단축됐기 때문이다.

1991년 이후 준공한 1기 신도시 아파트들은 30년이 지난 2021년

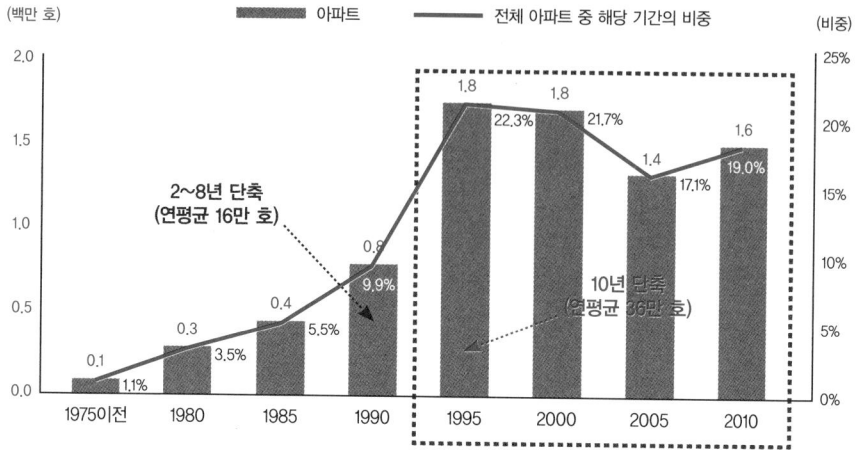

주: 1991년 이후 준공된 아파트는 10년씩 재건축 연한이 단축되었다.
자료: 통계청, 하나대투증권

부터 재건축 대상 아파트로 지정될 수 있다. 이 물량이 5년간 총 180만 호다. 이런 대규모 주택 교체는 국내 역사상 단 한 차례도 없었다.

만약 그렇게 2021년에서 2025년을 어찌어찌 넘긴다 하더라도, 이후 1996~2000년에도 또 아파트만 180만 호가 건축됐으니, 2026~2030년까지의 물량도 역시 5년간 180만 호라는 가늠할 수 없는 주택이 재건축 시점에 도달한다. 이 수치들은 무려 매년 36만 호(180만 호/5년)라는 숫자로 거대해지면서 우리 곁에 다가오게 될 것이다.

물론 이런 전망은 아파트 준공 연수로만 본 단순 전망이다. 일부에서는 이미 안전진단을 통과하기 어려울 것이란 이유로 준공한 지 30년 지나서 재건축을 바로 할 수 있는 것은 아니라고 지적한다.

이 지적에는 상당히 공감하지만, 어느 아파트는 30년이 되어서 재건축을 하고, 어느 아파트는 30년이 되어도 재건축을 하지 못하는 경우를 상상해 보라. 심지어 두 단지가 바로 옆 동에 붙어있다면? 지자체는 그 이유를 민간 재건축 조합에 정확히 제시하지 못할 때 불편해질 것이다.

재건축이 급증하면 흑석동, 신림동, 남양주, 의정부, 과천 등지에서처럼 전세가가 급등하는 현상이 나타나니까 인허가권자인 지자체가 속도를 조절할 것으로 보는 견해도 많다. 그러나 재건축 연한 도래가 빠른 서울에서 재건축 단지의 속도를 조절할 경우, 즉 재건축을 뒤로 미룰수록 불과 몇 년 후에 경기도 1기 신도시의 아파트들이 재건축 연한에 도래하게 된다. 서울과 경기도라는 한국에서 주택 공급이 가장 부진한 두 지자체는 그 상황을 어떻게 효과적으로 조율할 수 있을까?

여기서 끝이 아니다. 위에서 한 가정은 재건축, 그것도 아파트 재건축만을 살펴본 것에 불과하다. 한국에는 단독주택(빌라) 재건축과 주택 재개발까지 있고, 이 외에 도시정비사업에서 규정하는 다양한 방식의 정비사업들이 추가로 존재한다. 이런 정비사업 대상 지역에도 여전히 임차 세대가 거주할 것이다. 이들 주택의 재건축·재개발 등이 속도를 내면 필연적으로 '밀어내기식' 전세 난민을 양산하게 된다. 그들은 물결처럼 퍼져 임대시장의 불안을 높이게 될 것이다.

이런 상황에서 정비사업과 연계되는 뉴스테이가 도입된다. 7~8년 이상 잠자던 주택 재개발·재건축은 살아난다. 주택 재개발 역시 단 3개월 만에 임차 가구 수 기준 4만 호 이상의 사업이 재추진되는 상황이므로, 임대시장 불안은 지속해서 높아질 수밖에 없다.

재개발 사업 추진 현황 및 지역(2015년 말 기준)

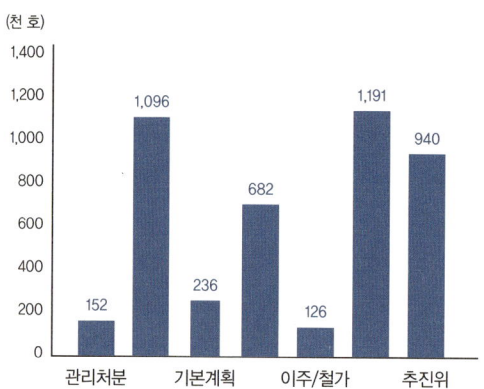
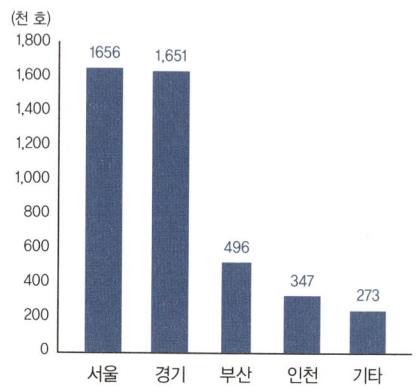

　최근 우리 사회에는 전세 난민 혹은 월세 난민과 같은 말이 쏟아지고 있다. 그러나 임차 난민은 1부에서 본 것처럼 이미 1980년대부터 나왔던 표현이다. 당시 서울의 재개발 붐과 주택가격 급등은 임차인들의 주거 불확실성을 극도로 높였고 이는 사회적 문제가 됐다.
　안타깝게도 2020년을 전후로, 한국에도 사상 유례없는 주택 멸실의 시대가 열릴 것으로 예상한다. 급증할 멸실량은 필연적으로 임대시장의 불확실성을 증폭시킬 것이다. 멸실이 가속화되는 오랜 기간 임대료는 주거 불안정을 핑계로 상승할 가능성이 크다. 역사는 반복된다.

분양은
사라진다

'분양과 청약'은 한국 주택시장을 대표하는 단어 중 하나다. 모델하우스를 열고, 분양 인력을 모집하고, 조합원 분양과 일반분양으로 구분하는 일은 주택시장에서 아주 흔한 풍경이다. 개인은 그 분양을 받으려고 청약통장에 가입하고 적절한 분양지를 기다리는 것이 우리의 주택 구매 방식이었다. 그런데 앞으로 분양은 사라진다. 완전히 사라질 가능성도 있다. 왜 그럴까?

먼저, 박근혜 정부가 5·26대책에서 밝힌 대로 제2기 신도시 사업 이후 공공택지 보급을 잠재적으로 중단했다. '신규택지'에 나올 분양 물량은 앞으로 사라진다.

한국 택지 시장에서 주택 보급 계획에 필요한 물량의 50%나 부족한 공공택지가 공급되는 상태이므로 이것이 바뀌지 않는 한 확정적으로 올 미래다. 위례, 동탄, 세종시 등 신도시의 신규분양이 첫 번째로 사라지는 분양이다.

두 번째 사라지는 분양은 재건축·재개발 사업의 일반분양이다. 전국의 주택 재건축·재개발 사업 등에서 뉴스테이가 확산할 경우, 일반분양을 모두 집합투자기구가 블록거래를 통해서 '분양 없이' 매수한다. 이때 모델하우스를 건설할 필요도 없고, 분양 인력을 뽑을 필요도 없다. 조합과 기업 간 매매계약을 통해서 수천 호의 주택이 분양 없이 소유권이 이전된다.

나머지 뉴스테이들도 마찬가지다. 민간 제안형 뉴스테이나, LH형 뉴스테이 모두 분양이 아니라 기업 소유를 전제로 한다. 물론, 민간임대주택법에서는 임대 의무기간을 8년으로 정하고 있지만, 8년이 지나서 개인에게 매각해야 한다는 것은 아니다. 지속해서 임대사업을 할 수 있고 8년이 지난 뒤 집합투자기구가 실물 주택을 매각하고자 할 때는 또 다른 기관투자자에게 매각할 가능성이 훨씬 크니까 개인에게 분양 목적으로 매각될 가능성은 사실상 제로다.

한국의 선분양제도는 세계적으로 유례를 찾기 어려운 공급 방식이다. 주택 건설 시행사에 유리한 방식이었다는 것이 다수 전문가의 의견이다. 한마디로 시행사 처지에서 미리 분양하면 원활한 현금흐름을 확보할 수 있기 때문이다. 그러나 투기적 목적의 주택매매거래를 부추긴다는 지적도 많았다. 뉴스테이 사업과 택지공급 감소를 통해서 신규분양, 조합사업의 일반분양을 모두 없애는 것은 정책 자체로는 거칠지언정, 분양과 관련된 잡음은 모두 사라지게 된다.

만일 청약통장의 금리가 아쉽다면 모르겠지만, 청약을 목적으로 통장을 가지고 있는 거라면 이제 굳이 유지할 필요가 없다. 실제 매수하려고 청약저축에 가입하는 주택 실수요자에게 앞으로 한국의 분양시장 변화는 뼈아프게 다가올 것이다.

미래에는 구매할 여력이 있더라도, 기존과 비교해서 분양주택 수가 감소하기 때문에 매수할 기회가 줄어들기 때문이다. 시장은 여러 가지 면에서 이처럼 크게 변하고 있으며, 과거의 질서를 새롭게 재편해 나가고 있다.

주택을 거래하는 방식이 달라진다

민간 기업형 임대주택 사업자 제도를 지금 시점에서 더 열렬히 민간 기업이 환영하고 있는 이유 중 하나가 바로 '거래 방식'이다. 과거에도 주택 사업용 집합투자기구를 만들려면 만들 수는 있었다. 그러나 실물 시장에서 주택을 매입하기란 여간 어렵지 않았다.

뉴스테이 사업에서는 거래 방식이 획기적으로 쉬워졌다. 정부의 '민간임대주택에 관한 특별법'을 뜯어본 금융투자업계는 이 법령을 즉각 환영했다. 왜냐하면, 그간 임대주택 사업을 하는 데 가장 큰 걸림돌 중 하나였던 사업성뿐 아니라 불편한 거래 방식을 개선했기 때문이다.

사업성은 용적률로 올렸고, 거래 방식의 편의성은 '블록 거래(한 번에 대량의 물건을 매매하는 형태)'를 통해서 개선했다. 이 법은 기업 친화적이다.

기본적으로 경제는 '거래'를 통해 움직인다. 그간 한국 주택시장에서는 민간 기업이 주택을 매수하는 일은 대단히 불편했다. 불편하다 못해 사실상 불가능했다. 가령 어떤 기업이 2,000세대급 단지 전체를 사려면 자금을 모으는 것도 일이지만, 현실적으로 약 2,000여 개인 주택 소유주와 매매거래를 해야만 했다. 매입할 세대 수가 3,000세대라면 곧 3,000여 번을 거래해야 하는 것이다.

각각의 거래를 모두 합하면 상당한 거래비용이 수반된다. 비용뿐 아니라, 거래하는 과정에서 대규모의 매수 주체가 발생했다는 것이 알려지면, 매매하지 않으면서 가격을 올릴 개인들도 늘어난다. 곧 이들이 매매하지 않고 호가만 올리면서 거래가격이 상승해버리는 악효과로 이어진다. 주식 거래에서처럼 시장에서 대량 매수를 하게 되면 거래가격이 상승하는 효과를 생각하면 좋겠다.

바로 이런 이유로 기존에 공급된 재고주택을 기업이 실물시장에서 수천 호씩 산다는 것은 사실상 불가능에 가까웠다. 특히 민간 기업은 특정 동, 단지, 또는 해당 주소지의 블록 단위로 주택을 전부 매수해서 차별적인 서비스를 제공해야 효과를 보는데, 단지를 통째로 매수할 기회를 얻지 못한다면 이 시장으로 진출하는 건 의미가 없다.

재개발·재건축 사업을 통해서 주택을 산다면 얘기는 확연히 달라진다. 재개발·재건축에서는 장래 발생할 일반분양에 관한 모든 권리를 조합이 가지고 있다. 그래서 기업들은 조합과 매매거래 한 번으로 수백, 수천 호에 이르는 주택을 대량으로 매입할 수 있다. 이런 거래 방식을 '블록 거래'라고 한다.

지금이 기업이 임대주택시장에 진출할 호기인 것은 정비사업 활황과 깊은 관련이 있다. 블록 거래를 통해 민간 기업이 주택을 매입할 수 있는 시대는 앞으로 재건축·재개발이 속도를 내는 시점, 즉 2016년도부터 앞으로 10년 정도가 유일할 것이기 때문이다.

기업이 주택을 매입하기 편한 시대라는 데는 기업이 개인보다 금융시장에서 더 유리한 위치에 있다는 점도 한몫한다. 총 3,500호의 주택을 매입하는 데 약 1조 원의 자금을 조달해야 하는 상황을 생각해 보자. 이는 실제 청천2구역의 부동산 리츠를 설립한 한국토지신탁 사례다.

민간 기업은 집합투자기구(리츠)를 설립하고, 집합투자기구는 자본금(자기자본을 투자하는 것)과 대출금(타인자본을 투자받는 것)을 통해서 전체 매수자금을 조달했는데, 자본금은 전체의 20%(약 2,000억 원), 대출금은 전체의 약 80%(약 8,000억 원)로 구성된다.

그런데 민간 임대주택법에서는 민간 기업형 임대 사업자에게 뉴스테이 사업을 위한 주택보증기금을 활용할 수 있도록 했다. 대출금 8,000억 원 중 3,000억 원을 주택도시보증기금으로 저리로 차입하고, 2,000억 원은 시중은행을 통해서 차입했다. 나머지 3,000억 원은 임차보증금으로 충당했다. 시중은행의 차입금 2,000억 원에 대해서도 주택보증기금이 보증을 서 주는 형태로 신용을 보강한다. LTV 관점으로는 80%다.

자본금 투자도 한국토지신탁이 2,000억 원 전체를 출자한 것이 아니라, 자본을 보통주와 우선주로 나눠 우선주로 주택보증기금이 약 1,400억 원을, 보통주로 민간 기업이 약 600억 원을 출자하는 것으로 충당했다. 민간 기업으로서 총 1조 원을 조달하는 데, 약 600억 원의 자금만을 가지고 3,500호의 주택을 매입할 수 있게 된 것이다.

자기자본과 타인자본을 구조화해 조달하는 것을 프로젝트파이낸싱(PF, Project Financing)이라고 한다. PF 구조를 가장 효과적으로 사용할 수 있는 것도 한국의 금융 환경에서는 개인보다 기업이 비교할 수 없을 만큼 유리하다.

한 개인이 사업자 등록을 하지 않고, 3,500세대의 주택을 모두 분양받았다면, 그는 주택담보비율(LTV) 70%에 걸려서 3,000억 원의 자기자본을 투자해야만 했을 것이다. 그런데 기업은 2,000억 원의 자기자본을 가지고 주택을 매입했다. 이 방식이 퍼지면 더 적은 자기자본을 가지고 주택을 매수할 수 있게 되는데, 그런 혜택은 기업만이 누릴 수 있는 부분이다.

민간 기업이 주택 사업을 하기 위해 주택을 매입하는 데 유리한 시점은 바로 지금이다. 이 모든 것도 결국 재건축·재개발을 통해서 이뤄진다. 재건축·재개발은 그만큼 한국 주택시장의 핵심이다.

죽은 사업도 살려내는 용적률 인센티브의 효과

주택시장에 조금이라도 관심이 있다면 '용적률'을 알고 있을 것이다. 용적률이란 기준층(1층)의 바닥 면적 대비 분양 면적을 몇 배나 증가시킬 수 있는지 그 상한선을 규정한 것이다. 보통 용적률 200%라는 의미는 바닥 면적이 100㎡일 때, 지상층 전체 면적(연면적)을 200㎡로 활용할 수 있음을 말한다(100㎡×200%=200㎡).

용적률을 높인다는 것은 같은 바닥 면적이라 하더라도 실제 분양 등을 통해 활용할 수 있는 지상층 면적을 넓힌다는 뜻이다. 이는 토지의 효율성으로 연결되고 곧 가격으로 이어진다.

높은 용적률이 가능한 토지는 낮은 용적률의 토지보다 동일 지구, 지역 내에서라면 당연히 높은 가격에 형성된다. 같은 지역에서 800%의 용적률이 가능한 상업용도의 토지는 300%의 용적률이 가능한 일반주거 3종보다 가격이 당연히 높다.

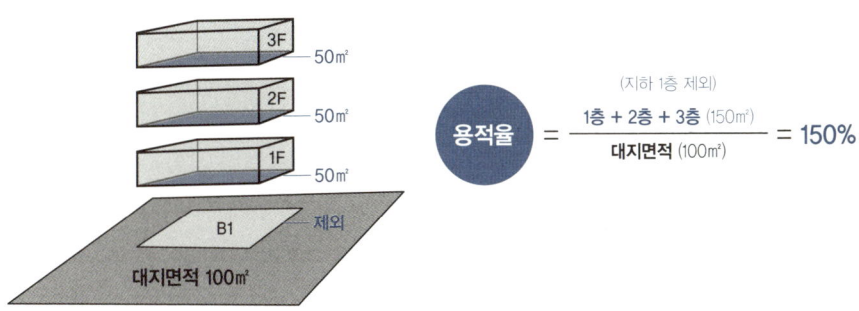

토지의 효율적 이용을 의미하는 용적률은 국내법 체계상 두 개의 뼈대로 유지된다. 하나는 '국토의 계획 및 이용에 관한 법률(국계법)'이다. 주택에서는 주택을 공급할 수 있는 용도지역 중 일반주거 1종, 2종, 3종의 용적률이 특히 중요하다. 국내 거의 모든 아파트가 일반주거지역에 공급되었기 때문이다.

국계법에서 일반주거 1종은 200%, 일반주거 2종은 250%, 일반주거 3종은 300%라는 법정 용적률 상한선이 있다. 법에서 규정한 용적률이다. 이는 기준층의 토지 면적을 각각 2배, 2.5배, 3배로 활용할 수 있다는 의미다.

서울시나 경기도 등 지방자치단체 역시 국계법의 조항을 따른다. 그리고 각 지자체 조례를 통해서 별도의 용적률을 규제할 수 있다. 이 조례에서 규정한 용적률이 실제 인허가권자가 규정한 것이어서 실물시장에서는 더욱 준용된다. 그래서 용적률은 '시도조례'와 '법적 상한'이라는 2가지 기준이 있었다.

서울시나 경기도 조례에서 일반주거 1종, 2종, 3종은 1종이 용적률 150%, 2종이 200%, 3종이 250%다. 국토이용법과 비교한다면 지자체의 조례가 법보다는 50% 낮게 상한선을 잡았기에 좀 더 강화된 규정이다. 토지의 효율성은 억제된다.

'민간 임대주택에 관한 특별법(민특법)'은 이런 두 가지 용적률 체제 중 보다 완화된(고로 사업성이 높은) 법정 용적률을 적용받을 수 있도록 했다.

이 법의 제21조에는 국토이용법에 따라 조례로 정한 용적률에도 관계 법령에 따른 용적률의 상한까지 완화할 수 있도록 했다. 즉, 서울시나 지자체 조례로 주거 3종 지역의 용적률이 250%로 되어 있다 하더라도, 국계법에서 300%를 상한으로 하고 있으므로 민간 임대주택을 공급하는 사업자는 기준 용적률을 300%로 완화 적용할 수 있도록 한 것이다.

이 규정으로 재건축·재개발 조합은 그들이 소유하고 있는 토지의 이용률을 기존 250%에서 사실상 300%로 늘릴 수 있게 됐다. 단박에 사업성이 1.2배 개선됐다는 의미다. 이는 곧 가격상승으로 직결된다.

앞서 살펴본 인천 십정2구역과 청천2구역, 광주 누문 재개발 지역

뿐 아니라 2016년 상반기 중 신청한 15개 조합사업의 기준 용적률은 모두 상향 조정된다. 이미 용적률을 높인 앞 3건은 기존과 비교해서 일반분양 주택 수를 훨씬 많이 확보할 수 있다.

재개발·재건축 사업의 핵심은 누가 뭐라고 해도 단연코 용적률이다. 만일 현재 재건축 대상 사업지의 기준 용적률이 150%고, 조례에서 250%로 정하고 있어서 250%를 기준으로 주택 공급 계획을 짠 조합이 임대주택을 공급하는 식으로 방향을 선회한다면 기준 용적률을 300%로 높일 수 있게 된다. 이는 전체 사업의 손익계산서를 완전히 새로 쓸 수 있는 수준으로의 변화다.

2015년 말 시행된 법규 하나로, 한국의 재건축·재개발 대상 지역의 잠재 가치는 그 즉시 20%가량 상승해버렸다. 물론 조건부(민간 임대주택을 공급하는 것)이지만, 어느 누가 이 조건을 받아들이지 않겠는가?

부동산 시장 필수 용어: 민간 임대주택에 관한 특별법

제21조(「국토의 계획 및 이용에 관한 법률」 등에 관한 특례) 「주택법」 제15조에 따른 사업계획승인권자 또는 「건축법」 제11조에 따른 허가권자는 임대사업자가 기업형임대주택 또는 준공공임대주택을 건설하기 위하여 「주택법」 제15조에 따른 사업계획승인을 신청하거나 「건축법」 제11조에 따른 건축허가를 신청하는 경우에 관계 법령에도 불구하고 다음 각 호에 따라 완화된 기준을 적용할 수 있다. 다만, 민간 임대주택과 민간 임대주택이 아닌 시설을 같은 건축물로 건축하는 경

우 전체 연면적 대비 민간 임대주택 연면적의 비율이 50퍼센트 이상의 범위에서 대통령령으로 정하는 비율 이상인 경우에 한정한다. 〈개정 2016.1.19.〉

1. 「국토의 계획 및 이용에 관한 법률」 제77조에 따라 조례로 정한 건폐율에도 불구하고 같은 조 및 관계 법령에 따른 건폐율의 상한까지 완화
2. 「국토의 계획 및 이용에 관한 법률」 제78조에 따라 조례로 정한 용적률에도 불구하고 같은 조 및 관계 법령에 따른 용적률의 상한까지 완화
3. 「건축법」 제2조제2항에 따른 건축물의 층수 제한을 대통령령으로 정하는 바에 따라 완화
[시행일 : 2016.8.12.] 제21조

부동산 시장 필수 용어: 기준 용적률, 허용 용적률, 상한 용적률

정비사업의 기본 지구를 지정할 때 서울시 조례를 따라 '기준 용적률'을 적용한다. 그 뒤 지구단위계획을 통해서 인센티브를 제공한다. 이른바 '허용 용적률' 체계다. 건축주가 여기에 추가로 공원을 기부채납하는 경우에 추가로 '상한 용적률'을 적용하게 돼 있다. 용적률에 관해서는 법률로 정한 기준 용적률 이외에 지자체가 상한 용적률을 적용할 수 있다는 점이 포인트다.

뉴스테이 도입 시 용적률 인센티브

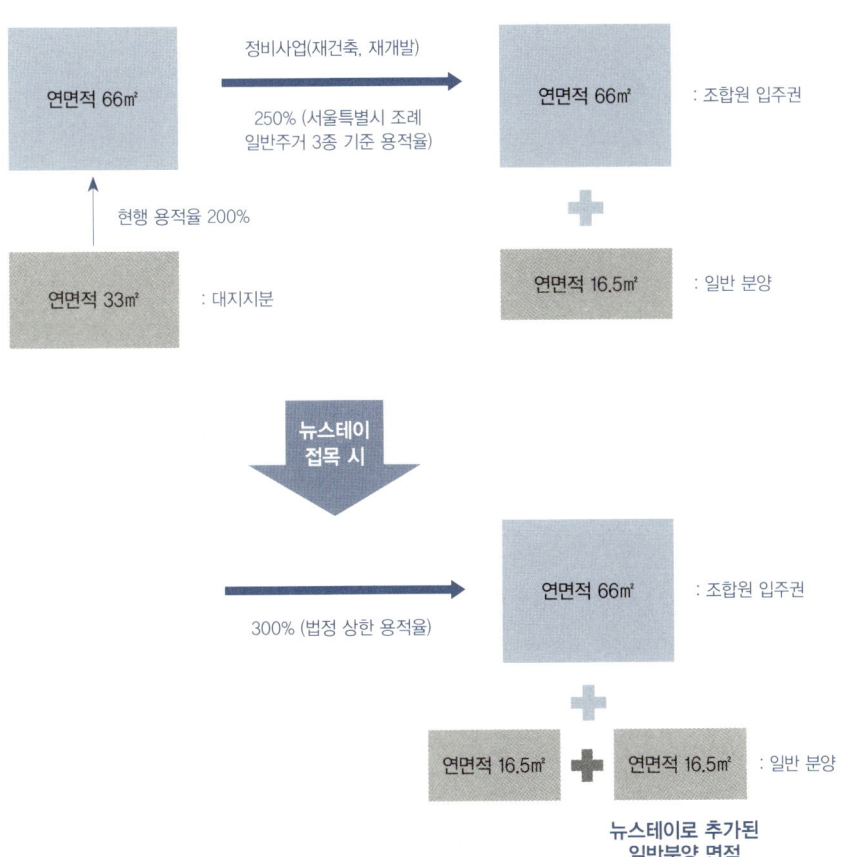

제3부

사야 할 집, 팔아야 할 집

무주택, 전·월세 세입자에게 마지막 기회가 될…

2018년 부동산 위기론의 실체

2018년 주택시장에 위기가 온다는 것은 이제 시장에서 일종의 컨센서스(다수가 그렇다고 생각하는)가 됐다. 2018년 위기론은 2015년 분양 물량이 52만 호 수준으로 급격히 증가하면서 시작됐다.

아파트와 같은 공동주택이 준공되는데 약 3년이 소요되므로, 2015년 공급량 증가는 2018년 입주량 증가로 그대로 연결된다. 그리고 대규모 주택과 입주가 발생하면, 많은 전·월세 입주자들이 입주하면서 임대 수요가 감소하고 자연스럽게 매매가격도 하락할 것이라는 게 위기론의 뼈대다.

공급이 증가하면 가격이 하락한다는 것은 경제원리여서, 주택도 예외일 수 없다. 또한, 역사적으로 입주량이 급증할 때마다 주택시장은 나름대로 조정을 겪어왔기에 2018년 위기설은 일견 타당해 보인다.

한국에서 역사상 가장 규모가 컸던 주택 입주 시기는 1990년대 초 준공된 1기 신도시였고, 주택가격은 확실히 신도시 입주 전과 후가 달랐다.

1987년 7.1%, 1988년 13.2%, 1989년 14.6%, 1990년 무려 21.0%나 올랐던 주택 가격은 6공화국의 작품이었던 1기 신도시 입주가 시작된 1991년부터 하락했다. 1991년 -0.5%로 가격이 최초로 마이너스 전환하고, 1992년 본격적으로 주택 입주량이 증가하자 -5.0%로 하락 폭을 키웠다. 이후 1993년에 다시 -2.9%로 하락하고 1994년에 -0.1%, 1995년 -0.2%로 총 5년간 하락한 주택가격은 이후 1996년 돼서야 다시 1.5% 상승한다. 아래 그림에서처럼 1990년대 초의 가격하락은 최고가 대비 약 10% 정도 감소했다.

이때 기억은 한국 주택시장에 '공급과잉=주택가격 하락'이라는 인식을 만들어 냈다. 훗날 2015년 공급 물량 증가와 2018년 입주 물량 증가로 인해 1990년대 초가 재현할 가능성이 크다는 주장이 제기되며 부동산 위기론은 컨센서스가 된 것이다.

주택 가격 추이

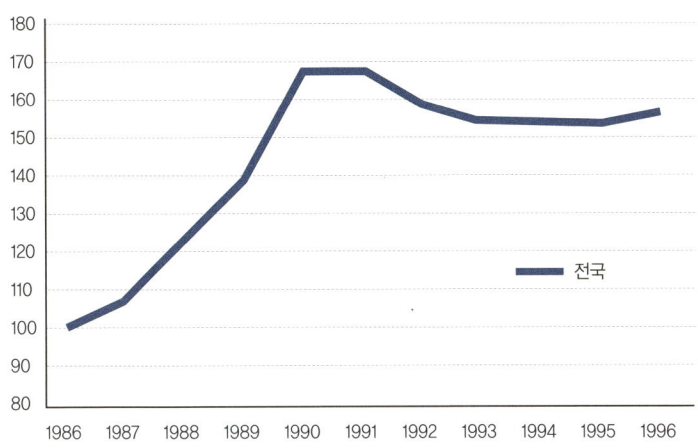

X축 : 연도, Y축 : 1986년을 100으로 했을 때 가격 변화

    2018년에 입주할 물량은 한국의 주택시장을 좌우할 만큼 큰 규모일까? 공급이 가장 많던 1991~1995년에 준공한 물량은 아파트만 총 180만 호에 이른다. 이는 1990년까지 준공된 아파트의 누적 물량인 160만 호보다 1.1배 많은 수준이다. 당시 서울의 전체 아파트 수가 42만 호였으니 서울의 모든 아파트보다 4배 이상 많은 주택이 5년 만에 준공된 것이다.

    2018년 위기설이 한창인 한국에서 주택은 약 1,942만 호가 있다. 아파트만 900만 호 이상 존재한다. 주택시장의 전체 규모가 커진 상태이므로 같은 공급물량이 차지하는 비중은 감소한다. 2018년을 전후로 우리나라의 주택 수는 2,000만 호를 넘을 것이다.

5년 단위로 본다면 2016년부터 2020년까지 5년간 입주할 아파트 총량은 약 160만 호 수준이 될 것으로 예상한다. 2001~2005년과 비교해보면 분명 늘어날 것이다.

그러나 2011년부터 2015년까지의 아파트 입주량은 반대로 약 120만 호 수준에 불과한 것으로 계산돼, 유난히 주택 공급이 부족했음을 고려한다면 2016~2020년의 아파트 입주 증가는 부족했던 공급을 충족시키는 적정량이라고 볼 수 있을 것이다. 이를 10년 단위로 보면 2011~2020년의 10년의 공급량은 국내 주택시장에 필요한 수준으로 공급됐다고 볼 수 있다.

필자 역시 2018년을 전후한 위기에는 대응할 필요가 있다는 데 동의하지만, 그 위기의 원인은 공급 쪽에 있는 게 아니다. 오히려 주택 공급이 미래에 지나치게 억제될 가능성이 커졌다. 왜냐하면 '택지시장의 변화'에서 살펴봤듯이, 한국은 주택 공급 목표 달성에 필요한 택지가 충분히 공급되지 않을 것이기 때문이다. 이는 장기적 주택 공급 감소로 주택 가격을 올릴 자극 요소다.

2020년 전후로 신규분양을 통한 매수기회가 사실상 없어지고 이제 주택을 매수할 수 있는 개인들에게 일반 분양의 기회가 박탈되고 있다. 이 때문에 2018년 입주 물량은 이 시점에 개인으로서 매수할 수 있는 주택으로서 새로운 가치를 지니게 될 것이다.

위기는 늘 올 수 있고 대비할 필요가 있겠지만, 한국과 같이 구조적으로 공급 부족에 시달리는 나라에서 공급이 문제라는 말은 일종의 모순이다. 오히려 공급과잉이라는 프레임 탓에 현재 적절하게 공급해야 할 물량이 제대로 공급되지 않았을 때의 시장불안을 더 우려해야 하지 않을까? 한국의 위기는 소규모 개방경제라는 한계로 대외 불확실성이 높아질 때 발생하고, 이는 주택시장만의 이슈는 아니다.

부루마블과 부동산 시장의 비밀

보드게임 부루마블(Blue Marble), 혹은 모노폴리(Mono Poly)를 알고 있는가? 이 게임은 미국의 게임디자이너인 엘리자베스 매기(Elizabeth Magie)라는 사람이 만든 것으로, 그녀는 이 게임을 통해서 세상의 어린이들에게 즐거움을 주었다. 다만 이 게임은 어떤 경제 이론을 시험하려 했다는 것이 탄생의 비화로 알려졌다.

그 이론이란 토지 단일세(토지를 민간이 보유한 상태에서 인구 증가나 과학의 발달로 자연스럽게 토지가치가 올라 임대료가 상승하는 것을 불로소득으로 보고 이에 대해서만 과세를 하는 것)로, '헨리 조지(Henry George, 1839~1897)'라는 경제학자가 주장한 것으로 유명하다. 토지단일세를 쉽게 풀면, 특정한 이유로 토지에만 세금을 부과하면 다른 모든 생산활동의 세금은 내지 않아도 된다는 파격적인 개념이다. 이를 단일세(Single-Tax)라 불렀는데, 말 그대로 세금은 토지세만 존재한다는 의미다.

　이 보드게임 플레이를 해 본 사람들은 알겠지만, 결과적으로는 단 한 명의 참가자만 생존하고 나머지 모든 참가자는 파산한다. 엘리자베스 메기는 토지사유제가 지속하고 점차 시간이 지나 경제가 순환할수록 결국 극소수의 대지주만 남고 대다수 사람은 파산하고 빈곤 상태를 벗어나지 못하게 될 것으로 믿었다.

　게임의 결과 역시 이를 그대로 방증한다. 토지단일세 이론을 주장한 헨리 조지가 한국에는 잘 알려지지 않았다고 생각되지만, "우리는 토지를 공공의 것으로 만들어야 합니다(We must make land common property)"라고 말한 그의 이론은 《진보와 빈곤(Progress and Poverty, 1879년 작)》이라는 책의 출시로 미국과 전 유럽에 큰 반향을 불러일으키고, 20세기를 뒤흔드는 사건들의 이론적 기반이 된다. 이 이론에 부동산 투자의 교훈이 들어 있다.

　영국계 미국인인 헨리 조지는 젊은 시절, 뉴욕처럼 발전된 도시의 가난한 사람들이 캘리포니아와 같이 덜 발전한 도시의 사람들보다 오히려 더 빈곤한 것을 발견하고 이상하게 여긴다.

　그 원인을 그는 이렇게 설명한다. 시장경제에서 인구 증가와 기술 발전으로 공통으로 창출되는 부는 그 상당 부분이 토지가치의 상승으로 연결되는데, 토지대(economic rent)라는 명목으로 결국 소수의 토지소유자와 독점사업자에게만 그 부가 옮겨지기 때문에 나머지 대중들은 가난해진다는 것이다.

그래서 공통적 요소로 발생한 토지대 상승은 그 자체로 불로소득(unearned income)이라 보고, 이에 대해서만 과세를 하면 공통과세가 이뤄지기 때문에 정의롭다고 본다. 즉, 인구 증가·과학 발전 → 공통 요소로 토지가격 상승 → 토지대 상승 → 소수 민간 토지소유자에 부 집중 → 대중의 빈곤화가 반복된다고 본 것이다.

그는 반대로 토지를 보유한 자가 직접 투자를 통해서(토지 개량, 나무 심기, 건축물 건설, 인프라 구축 등) 벌어들이는 수익에 대해서는 정상적 경제활동이라고 보았기에 이런 독자적 활동에는 오히려 과세의 이유가 없다고 판단했다. 정상적 경제활동에 과세한다는 것은 오히려 경제활동을 제약하는 것으로 봤으므로 무분별한 과세에 대해서는 반대한다.

그러나 단일세 이론은 단순히 사람들이 도시에 몰려오는 상황이나, 자동차가 빨라져서 도시가 작아지는 효과 등으로 도시나 국토의 가치가 자연스럽게 올라가는 것을 '공통 가치'로 보았고, 이런 가치 상승은 토지주의 투자와 별개로 보아야 하며, 그렇기에 그 가치 상승에 대해서만 과세한다면 전 사회가 세금을 내는 것과 마찬가지이고, 나머지 경제활동의 과세는 모두 필요 없다는 것이다.

헨리 조지의 주장에도, 당시 현실은 극소수의 대형 토지주들에게만 토지가치 상승의 수혜가 귀속되고 있었다. 그래서 토지단일세 개념은 1900년대 전후에 토지를 국가에 귀속당한 농민들이 사회개혁에 반항하는 운동의 이론적 기반이 되기도 했다. 이것이 바로 진보(Progress)할수록 빈곤하다는 이유였고 그의 책이 '진보와 빈곤'인 이유다.

훗날 노벨 경제학상을 수상한 밀턴 프리드먼도 헨리 조지의 단일 토지세 이론의 긍정적인 면을 인정한 바 있고, 과거 홍콩 정부는 심지어 홍콩 정부의 수입 중 35%를 토지세(일반 거래세와는 다름)로만 충당한 적도 있다. 물론 현재도 전 세계 각지에 헨리 조지 협회나 연구소 등이 존재하며, 최근에는 토지공개념이라는 이름으로 각색되어 한국에도 소개된다.

필자는 종종 신흥국 부동산 투자를 생각하는 분들에게 이 이야기를 꺼내곤 한다. 인구 증가와 과학 기술의 속도가 빨라지는 신흥국의 토지를 특별한 제약 없이 매입할 수 있다면 우리는 부루마불에서 주사위를 돌릴 수 있는 위치로 올라선 것이라고 말이다.

그런데 이는 한국을 빗대어 설명해도 똑같다. 인구와 가구, 공학과 기술이 지속해서 발전하는 서울과 수도권 밀집지역에서 도심지의 토지를 주택이나 부동산을 통해서 매입하는 행위는 결국 행위자를 부루마불의 주인공으로 만드는 것이나 마찬가지다.

그래서 토지의 가치를 더 잘 알고 있는 정부 역시 토지의 보유세, 거래세 그리고 종합소득세 등을 통해서 과도한 토지보유를 규제하는 데 나선다. 이런 제약 자체가 토지 보유의 유리함을 전제로 하는 것들이다.

부동산 시장에 대한 접근은 바로 엑셀을 통해 미래 현금흐름이나 미래가치를 추정하는 것처럼 복잡하지 않을지도 모른다. 오히려 우리 사회가 만들어내는 공통 가치가 과연 올라갈 수 있는 환경인지 아닌지를 잠시나마 생각해보는 것이 실질적인 장기투자에 더욱 도움이 될 수도 있다.

독자들이 부루마불이든 모노폴리든, 주택부동산 시장에서 게이머로서 주사위를 돌릴 생각인지, 아니면 구경만 하고 있는지를 잘 고민해보길 바란다. 토지공개념이 완전히 자리 잡지 않은 이상, 토지사유제를 통해 토지를 확보한 이들만이 인구와 가구가 지속해서 증가하고 경제성장이 플러스로 유지되는 한국에서 그 부가가치를 누리게 된다.

주택가격
전망

대상이 누구든 상관없이 주택시장에 관한 얘기를 하면 마지막 질문은 거의 "그래서 주택 가격이 오르나요 내리나요?" 혹은 "사야 해요 팔아야 해요?"다. 궁극의 관심사라고 해야 할까, 결국 주택도 자산시장의 일부이므로 가격 전망을 해 달라는 요구는 당연할지도 모르겠다.

시장 전문가들에게 가장 속 편한 가격 전망은 '박스권'이라는 용어를 사용하는 것이다. 박스권이란 특정 자산의 가격이 일정한 범위를 오르내리기를 반복한다는 의미다. 장기 방향성이 없는 상태를 전제로 한다. 요즈음 가격 전망은 죄다 박스권이다.

주택시장뿐 아니라 주식시장에서도 가격은 중요하다. 코스피(KOSPI)와 코스닥(KOSDAQ)시장의 지수, 즉 가격은 시장을 단 하나로 설명해주는 가장 훌륭한 지표다. 이는 주택에서도 똑같다. 신규 분양하는 주택 수도 중요하지만, 근본적으로 시장을 설명할 수 있는 부동산 지표란 바로 가격이다. 그럼 무슨 가격일까? 재고주택의 가격이다.

증시에 기업을 새로 상장시키는 것을 주식공개(IPO)라고 하는데, 이때 상장기업의 주가가 상장 전에 먼저 결정된다. 이는 마치 신규 주택분양과 비슷하다. 그러나 일단 상장하면, 상장 전에 생각했던 주가가 유지되지 않고 시장에서 결정하는 가격을 따라가게 된다. '거래'는 경제의 기본이므로 거래를 통해 형성된 가격이 시장가격이 되며, 이는 주식과 부동산 모두 똑같다.

주택시장에서도 일반분양가가 중요한 것이 아니라, 재고주택의 가격 추이를 더 중요하게 보아야 한다. 주택 가격에 대해서는 비단 한국뿐만 아니라, 전 세계가 관심을 두고 자국 시장의 재고주택 가격을 전망한다.

한국에서도 한국개발연구원(KDI)을 포함해 다수의 연구기관과 국책기관들이 주택시장의 가격을 전망하며 매년 초에 발표한다. 그리고 필자가 일하는 증권사 리서치센터와 민간연구소 역시 가격 전망을 발표한다. 2016년 이런 다수의 기관에 의해 도출된 결론은 주택가격은 약 1.5~2.0% 상승, 그리고 임대가격은 약 3.0~3.5% 상승이다. 필자도 2016년 주택시장은 이러한 흐름 속에서 상저 하고의 가격 추이를 전망하고 있다.

그렇다면 중장기 주택 가격은 어떻게 변화할까? 중장기 가격의 변화, 즉 가격의 방향성은 주택 구매에 큰 영향을 미치는 항목이다. 이 때문에 KDI에서는 2012년 말 500페이지가 넘는 분석자료를 통해 거시경제 변수가 주택 가격에 미치는 영향을 종합적이고 체계적으로 총정리한 자료를 발표했다.

보고서는 GDP(국내총생산), 금리, 금융시장 조건, 인구사회 구조, 주택 재고와 주택 수요, 공급 등 주택시장에서 발생할 수 있는 거의 모든 매크로 지표들과 가격 간 상관관계가 있다는 결과를 담았다.

그런데 이제 '뉴스테이의 등장'으로 주택시장의 가격 전망은 약간 달라져야 할 것 같다. 필자는 거시경제 측면의 다양한 변수가 유지된다는 것을 전제로, 현재의 주택시장은 과거의 주택시장과 3가지 요소가 달라졌기 때문에 가격 강세가 현실화할 수 있을 것으로 전망한다.

첫째 요소는 재개발과 재건축 등 전국적으로 약 700만 호에 이르는 노후주택들이 뉴스테이 등에 의해 민간임대주택을 공급할 경우, 용적률이 50%포인트 증가할 수 있게 바뀐 점이다. 민간임대주택법상 용적률이 기존 250%에서 300%로 50%포인트 상승하는 변화는 가격을 기준으로 하면 20% 상승한다는 의미다((300-250)/250=20%).

이는 집합투자기구와 재개발·재건축 조합이 만나는 경우에 한정된 상승 요소지만, 법규로 보장된 것이고 계산이 명확해서 재고주택의 가격상승을 자극할 것이다. 이미 단독주택 중심의 주택 재개발 사업지들이 이를 입증했다.

뉴스테이는 아파트나 단독주택 구분이 없고, '도시 및 주거환경정비법'상 모두 해당할 수 있다. 다만 현재는 노후 단독주택(빌라)을 중심으로 확산하고 있기에, 이는 단독주택에 더 부합하는 가격 상승 요소다.

둘째 요소는, 아파트 시장의 변화로, 재건축 연한이 기존 40년에서 30년으로 단축되면서 미래가치가 현실화하는 시기가 더 빨라졌다는 점이다. 2016년부터 9·1 부동산 대책의 효과가 시작하기 때문에, 10년 단축된 미래가치 도달 시점은 곧 현재 가격의 상승으로 귀결된다.

미래 가치를 현재 가격으로 표시할 때는 이자율로 할인하는 방식을 쓴다. 미래 가치를 6억 원이라 하고, 이자율을 3%라고 할 때, 미래 가치 도달 시점이 5년인 것과 15년인 것은 현재 가치가 상당히 다르다. 전자는 현재 가치가 5억2,000만 원인 반면, 후자는 현재 가치가 3억 8,000만 원으로 1억4,000만 원의 차이가 난다.

9·1 부동산 대책을 통해 1987년 준공 주택부터 재건축 연한이 2년 단축되는 효과가 시작되니까 재건축 아파트의 잠재가치 실현 시기의 단축은 현재 가격을 상승하게 하는 요소로 점차 작용할 것이다. 9·1대책은 그런 의미에서 준공 40년이 되지 못했던 아파트만의 이슈다.

셋째 요소는 새로운 '점유 주체'로서 기업이 주택시장에 진입했다는 점이다. 연평균 약 10만 호에 달하는 주택을 기업이 구매한다면 최소 30~40조 원의 자금이 주택시장에 유입한다는 것을 의미한다.

한국의 연평균 재고주택 매매가 약 80만 호 수준이고, 매매거래 주택가격을 평균 4억 원이라고 하면 평균 거래규모는 약 320조 원에 해당한다. 기업의 주택 신규구매 30~40조 원은 그래서 약 10%의 초과 수요로 연결된다. 특정 자산시장에서 수급이 증가한다는 것은 일반적으로는 가격 상승 조건이다. 주식시장이 이를 가장 효율적으로 설명하는 시장이고, 부동산 시장 역시 거대한 자산시장의 일부다.

　이들 3가지 요소의 변화가 나타날 중장기 주택시장의 가격 흐름은 상당히 오랜 기간 상승 흐름을 이어갈 것으로 전망한다.

　그렇다면 주택가격이 하락하거나 경색할 리스크는 없을까? 지금 시점에서는 한국이 소규모 개방경제라는 것과 정치가 가장 큰 리스크라고 할 수 있다. 세계 경기의 불확실성이 확대된다거나 부동산 정책이 변화할 수 있다는 점이 확실히 주택시장의 안정성을 해치는 요소다.

　먼저, 주식이든 채권이든 부동산이든, 원화 표시 자산에 투자하는 한국의 투자자들은 원화 자산의 구조적 한계로 환율이 급변하는 데 따른 리스크에 대해서는 이를 헤지(회피)할 필요가 있다.

　한국의 자산 가격은 국내 변수뿐 아니라 국외 경기에 더 큰 영향을 받을 수 있다. 1998년, 2008년, 2011년 등 거의 모든 한국 경제의 위기는 늘 세계 경제불황과 함께 왔다. 오늘날에도 소규모 개방경제인 한국은 미국, 유럽, 중국이나 일본 등의 경제 상황을 매일 살펴야만 하는 숙명을 안고 있다. 그러니 이를 헤지하는 것은 필수라 여겨진다.

주택 수요의 구조에 숨겨진
한국 부동산 시장의 비밀

"한국은 수요가 없잖아요." 필자가 금융시장에서 부동산 시장을 설명하는 자리를 가면 열에 아홉 번은, 주택 수요에 대한 질문을 받는 것 같다. 질문은 늘 확대된다. 앞으로 인구도 줄어들고, 경제도 침체하면 주택 수요가 없어지는 것 아니냐.

질문들의 배경에는 미래에 주택 수요가 없어지기 때문에 주택가격 역시 하락하지 않겠느냐는 의견도 포함된 것 같다.

다수의 생각과 달리 한국의 주택 수요는 상당한 오름세일 뿐 아니라, 그 수요의 구조 자체에 굉장한 비밀이 숨겨져 있어 무척이나 흥미롭다.

한국은 미래의 주택 수요를 어떻게 전망하고 있을까? 국내 주택 수요는 먼저 10년 단위의 '장기 주택종합공급계획'에서 조사하고, 이후 매년 별도로 조사한다. 제2차 중장기 주택종합공급계획(2013년 말 발표)에서 2013~2022년의 주택 수요 예상치가 발표됐다. 그 규모는 10년간 평균 약 39만 호의 주택이 필요하다는 것이었다.

물론, 1990년대는 연평균 52만 호가 공급됐고, 2003~2012년에는 연평균 총 48만 호가 공급됐으며, 2013~2022년은 연평균 39만 호로 공급될 것으로 전망하고 있어 10년 단위로 조사하는 주택 수요는 계속 감소세인 게 맞다. 이게 공급을 감소해야 한다는 이유로 종종 사용되기도 하는 숫자들이다.

제2차 중장기 주택종합계획의 주택 수요표

(단위 : 천 호)

지역	2013	2014	2015	2016	2017	2018	2019	2020	2021	2022	평균
전국	399.3	399.5	395.9	394.1	388.4	384.5	381.9	385.0	384.6	387.9	**390.1**
수도권	219.0	220.0	218.9	219.0	216.6	215.8	215.3	215.3	215.1	216.8	217.2
충청권	52.6	52.2	51.7	51.3	50.5	49.8	48.9	50.0	50.1	50.3	50.8
호남권	29.1	29.4	28.9	28.8	28.4	27.9	27.7	28.3	28.2	28.6	28.5
대경권	32.7	32.5	32.0	31.6	30.9	30.1	29.7	30.1	30.0	30.3	31.0
동남권	49.3	48.7	47.6	46.7	45.4	44.5	44.0	44.3	44.3	44.8	46.0
강원권	12.9	13.0	12.9	12.9	12.8	12.7	12.6	13.1	13.0	13.2	12.9
제주권	3.8	3.8	3.8	3.8	3.8	3.8	3.8	3.8	3.8	3.8	3.8

자료: 국토부 '13년 제2차 장기주택종합계획, 하나금융투자

이 39만 호의 수요에는 비밀이 두 개나 있다. 첫째는 '평균'에 대한 오해다. 연평균 39만 호에 달하는 신규 주택 수요는 평균을 기준으로 추정된 것이다. 그런데 여러 가지 경제적, 사회적, 문화적 여건이 변화할 때 평균은 어떻게 될까? 당연히 달라질 수밖에 없다. 그래서 정부의 수요 예측 조사 역시 추정치가 변동할 수 있다고 명시한다. 그 결과는 평균에서 이탈하는 1 표준편차당 주택 물량 5만7,500호로 제시됐다.

결국, 연평균 39만 호의 평균 주택 수요라는 것은 평균일 뿐이어서 이 숫자를 맹신하는 것은 무리다. 상황이 좋지 않을 때는 −3 표준편차까지 평균에서 벗어날 수 있다.

이 말은 극단적으로 안 좋을 때 21만 호(39만 호−18만 호)의 주택 수요도 발생할 수 있고, 상황이 아주 좋을 때는 57만 호(39만 호+18만 호)의 주택 수요도 발생할 수 있다는 뜻이다. 2015년은 한국의 주택경기가 최근 5년간 가장 좋았던 시점이었기에, 높은 주택 수요로 연결되었다.

둘째, 수요의 '구조'다. 수요 예측에서 제일 중요한 부분이기도 하다. 주택 수요의 3대 구조는 크게 '가구(인구) 수요', '소득 수요', '멸실 수요'의 3가지로 구성된다. 시장을 조망하는 데는 수요별로 통찰력을 준다.

먼저 가구(인구) 수요는 이름 그대로, 가구나 인구의 증감에 따른 물리적 수요다. 가구나 인구가 돈을 치를 능력이 있는지는 고려하지 않는다.

가구(인구) 수요는 통계청의 가구 수 증가가 예상된 2035년까지 계속해서 발생할 것으로 추정된다. 그 수는 연평균 19만 호 수준이다. 물론 가구(인구) 수요 안에서도 인구 증가보다는 가구 증가의 영향이 더 높다. 가령 인구가 1 증가한다면 가구는 2 증가하는 게 요즘의 가구 분파 추세다.

두 번째 수요는 '소득 수요'인데, 이는 이름 그대로 경제 성장에 따라 소득이 증가하거나 금리가 내려가거나 해서 주거비에 드는 돈이 줄어들 때 발생하는 주택 수요다. 소득이 증가하면 자동차나 가방 등을 사듯 신규 주택을 매입하려는 욕구도 상승한다.

소득 수요는 결국 경제 상황에 영향을 받으므로, 장기적으로는 성장률의 둔화와 함께 감소할 것으로 예상한다. 2014년 한국의 주택 수요 중 소득 수요는 13만3,000호였다.

주택시장의 소득 수요는 불경기에 주택 수요가 감소하는 것을 설명해준다. 특히 리먼 사태와 유럽 위기 같은 요인들이 소득 수요를 큰 폭으로 감소시키는 상황을 생각하면 이해하기 쉽다. 다만, 소득 수요는 장기적으로 감소한다 하더라도 그 속도 자체는 더딜 것이다.

마지막 수요는 '멸실 수요'다. 한국 주택 수요 중에서 가장 흥미로운 수요가 바로 이 멸실 수요다. 멸실이란 생애주기가 다 된 주택을 소멸시키는 것으로 소위 재건축·재개발 등을 떠올리면 되겠다. 그런데 멸실 대상 주택에 누군가가 점유하고 있다면, 그 점유분만큼 새로운 주택을 공급해야 하므로 이 역시 수요로 잡힌다.

2014년 한국의 멸실 수요는 약 6만6,000호로 추정했다. 그러나 2003년 한국의 멸실 수요는 당시 13만 호로 추정됐다. 2배 차이다. 2003년과 2014년에는 무슨 차이가 있었던 걸까?

2003년 당시는 2000년대 초반 재건축 사업이 활성화하던 시기여서 잠실, 반포 등지에서 멸실량이 급증해 멸실 수요가 13만 호를 넘었지만, 2014년 초는 재건축·재개발이 침체기여서 멸실 수요가 적었던 것이다.

멸실 수요를 뜯어보면 한국 주택 수요의 비밀이 똬리를 틀고 있다. 한국의 주택 공급 역사가 이 멸실 수요에 녹아있는 탓이다.

한국은 주택 공급을 단기간에 폭발적으로 늘려왔을 뿐만 아니라 아파트 공화국이라는 별칭처럼 공동주택을 중심으로만 해왔다. 이 말은 재건축·재개발을 가속하는 정책이 곧 '멸실 수요'를 폭발적으로 증가시키는 효과로 연결된다는 것을 의미한다. 공동주택의 비중이 높은 특성상 멸실 수요의 증감이 가구 수요나 소득 수요를 대체할 수 있을 정도로 주택을 늘리거나 줄일 수 있다는 말과도 같다.

정부가 부동산 정책으로 주택 수요를 상당히 조정할 수 있다는 점에서 한국의 주택시장은 다른 나라의 그것과는 대단히 다른 특성을 보인다.

2014년 신규 주택 수요 추정

계	요인별			지역별	
	가구 요인	소득 요인	멸실 요인	수도권	지방
38.5만호	18.6만호	13.3만호	6.6만호	21.2만호	17.3만호

상기 주택 수요는 가구 분화, 소득 증가, 주택 멸실 등 주요 변수를 주택 수요 추정 모형에 적용한 결과로, 실제 경제·정책여건에 따라 차이가 있을 수 있음

박근혜 정부가 재건축 촉진책을 낸 2014년 이후, 주택 인허가가 급증하기 시작했다. 인허가 증가는 결국 주택 수요가 늘어나리라 보고 진행된다. 과연 정부의 수요 예측치인 37만 4,000호에서 41만 4,000호로 증가한 주택 인허가는 어느 부분의 수요가 자극되어서 늘어난 걸까?

천천히 변하는 인구(가구)에서 온 것일까, 장기 저성장 추세에서 소득 수요의 급변에서 온 것일까, 아니면 주택 재건축 촉진 효과로 멸실 수요의 급변에서 온 것일까? 이를 예측하기는 너무 쉽다.

이제는 2014년의 재건축 활성화뿐 아니라 2015년 말 기준으로 주택 재개발과 주택 재건축마저도 가속하는 정책인 뉴스테이법을 시행했기 때문에 앞으로 멸실 수요가 더욱 자극되어 주택 수요는 올라갈 것이다. 이런 상황이라면 제2차 중장기 주택종합계획에서 언급한 +3 표준편차(주택 수요 57만 호)의 상태를 사실상 행정제도를 통해 인위적으로 유지할 수 있다는 말이 된다.

전 세계 주택시장에서 공동주택의 비중이 한국처럼 높으며 동시에 공급 집중도가 높은 나라를 찾기란 어렵다. 이 때문에 멸실 수요를 통해서 시장 수요를 자극할 수 있는 여건을 갖춘 나라는 세계적으로도 희귀한 국가라는 것을 참고하자. 재건축·재개발은 그래서 한국 주택시장의 핵심이자 모든 것이나 마찬가지다.

인구 절벽과 집값

주택시장의 근간은 수요다. 많은 일반인이 한국의 베이비붐 세대가 은퇴하고 나면 주택 수요가 감소하고, 그래서 주택시장은 붕괴할 가능성이 크다고 말한다. 이 얘기가 맞는 것일까?

현재까지 중장기 주택 수요 추정에 관한 연구들은 한국뿐 아니라 국제적으로도 다양한 방식으로 이뤄졌다. 그중 가장 유명한 방식 중 하나가 그레고리 맨큐 교수가 참여한 Mankiw-Weil(1989) 연구(M-W모델)였다.

이 연구는 미국의 전체 주택 중 0.1%의 자료를 통해서 미래 주택 수요를 추정했다. 먼저 나이별 소득평균을 구하고, 미국의 연도별 연령변화, 즉 인구구조 변화에 따라 총 소득액의 합산, 곧 총 주택 수요의 변화를 추정했다.

이 방식은 1950년대의 베이비붐 세대가 성년이 되는 1970년대부터 1980년대까지는 주택 수요가 정점에 이르지만, 1990년대 이후부터는 감소할 것이라는 결론으로 이어졌다.

이 연구를 통해 과거 1950~1970년대까지의 예측한 주택 수요와 실제 수요가 유사하게 나타나고, 주택 가격도 1970년대까지 근사하게 나타남을 검증하며 '인구구조론'이 주택시장에 최초로 등장하는 계기가 됐다. 그리고 1990년대부터 2007년까지 미국의 주택가격이 47%가량 장기 하락을 예고했기 때문에 시장에 충격도 컸다.

그런데 이 연구 이후 인구론을 설명하는 M-W모델은 여러 학자에 의해 수정됐다. 미국과 인구구성비가 비슷한 캐나다의 경우, 주택 가격의 주 변화요인은 인구구성비가 아니라 거시경제변수와 정책변수라는 것을 포터바(Poterba) 교수진이 발표한다(1991).

그들은 연구에서 1970년부터 1985년까지 캐나다의 주택 가격이 60% 상승했다가 40% 이상 하락하는 패턴이 인구구조가 유사한 미국에서는 도저히 나타나지 않는 가격 변화 패턴임에 착안했다.

이외에 영국, 네덜란드 등의 나라에서도 1970~1990년까지의 주택 가격 변화는 인구구조론에 의해서라기보다는 각기 다른 요소들이 적용되고 있음을 설명한다. 그 이유가 거시경제변수와 정책적 변수였다.

심지어 M-W모델에 대한 적나라한 반격을 수행한 스완(Swan, 1995) 교수도 있었다. M-W에 따르면 미국의 경우 베이비붐 세대 은퇴가 시작되는 90년대 초부터 2007년까지 주택 가격이 47% 하락하리라 예측했는데, 이는 주택 수요변수에 대한 잘못된 해석 때문이라고 주장한 것이다. 주택 수요를 올바르게 추정하기 위해서는 인구통계학적 변수뿐만 아니라, 실질소득, 상대가격 및 이자율 같은 변수 등을 고려하여야 하며, 이들 변수를 추가 반영하여 추정한다면, 인구변수의 효과가 줄어든다고 밝힌 것이다.

한국에서도 나이별 인구 대신 연령구간을 설정해서 주택 수요를 추정한 연구가 있다(김경환). 가구소득과 주거비용 변수를 추가한 수정모형을 제시한 연구도 있었다(정의철/조성진).

이렇게 전문가의 영역인 주택 수요 조사는 25년 넘는 역사를 거치면서 보강되어 왔다. 결과론적이지만 주택 가격에 미치는 영향에 대해서 나라별로 시대별로 다양한 변수들의 존재가 존재한다는 것이 확인되고 있다. 그리고 국가별로 주택보급 상황에 따라, 도시화 진행 정도에 따라, 가구 수 분파 속도에 따라, 혹은 소득상태 변화에 따라, 또는 이자율과 경제적 여건 등에 따라 다양한 매크로 지표들이 주택 가격에 영향을 미친다.

주택 가격은 단순히 인구나 그 구성비에 의해서만 움직인다고 하는 주장, 그 변수만이 핵심변수라는 주장은 현재에 와서 그 의미가 상당히 퇴색됐다. 그런데도 한국에서는 인구이론이 부동산 시장의 가격 변화를 설명하는 대세로 사용되고, 일부 전문가들이 이를 호도한다. 일본이 그랬다고는 하나, 일본의 임대차 관련 법령 개정과 세법 개정을 빼놓고 인구만을 보는 것은 통계적 오류(다중공선성)일 가능성이 더 크다.

인구가 감소하는데도 주택 가격이 외려 상승하는 국가를 이제는 이상하게 볼 필요가 없다. 외국에서는 아마도, 재개발·재건축 등 멸실 수요를 급증시킬 수 있다는 것만 갖고도 한국을 더 기괴하게 생각할 것이기 때문이다.

주택도 주식처럼
투자하라

 모델하우스에 가본 사람들은 잘 알겠지만, 모델하우스 밖에서는 분양권을 거래하려고 소위 떴다방을 차린 중개사들이 장사진을 친다. 그들은 분양에 당첨되면, 분양권 프리미엄을 얻게 될 테니 궁금하면 찾아오라는 식으로 방문객 인적사항을 조사해 간다. 그런데 이렇게 분양권 프리미엄을 노리고 청약을 신청하는 것이 앞으로도 괜찮은 투자전략이 될 수 있을까?

 올해 초 분양권을 청약해야겠다고 말하는 지인에게, 나는 절대 그러지 말라고 했다. 신규 분양을 받아 단기수익을 노린다는 것이 2016년 시점에선 너무 어려워졌기 때문이다.
 2015년 4월, 8년간 유지해 온 분양가상한제가 폐지되면서 일반분양가가 올라간 터라, 분양가와 비교해서 입주 때 프리미엄이 붙을 것으로 장담하기가 쉽지 않다.

과거 분양가상한제(2007~2015년)에서는 주변 시세가 높더라도 분양원가(토지비+건축비+수익)를 웃도는 분양가를 책정할 수 없었다. 그래서 주변 시세 대비 낮은 가격에 분양이 이뤄진 주택들에 대해서는 분양권 프리미엄(낮게 분양된 입주권에 대해서 가격 상승이 발생하는 것)이란 것을 기대해 볼 만했다. 그러나 분양가상한제 자율화 이후, 일반분양 가격이 주변 시세를 오히려 웃도는 수준에서 결정되기 시작하면서 이런 분양 프리미엄의 기회는 점차 사라지고 있다.

주식에서 신규 기업이 상장하려고 기업공개(IPO)를 할 때 해당 기업들은 적정 주가 범위를 제공한다. 가령 2015년 신규상장한 미래에셋 생명의 공모주 가격은 7,400원이었다. 이 가격을 주택의 분양가라고 생각해보자. 한데 미래에셋생명 주식은 2016년 3월 24일 기준으로 4,640원에 거래된다. 공모가보다 낮은 가격이다.

7,400원에 선정된 공모주 가격이라 할지라도, 막상 주식시장에 상장되면 다수의 참여자에 의해서 주가가 결정되는 자연스러운 과정을 거치는 것이다. 물론 이와는 반대로 공모가가 1만6,000원이던 바이오기업 펩트론은 현재 5만8,500원에 거래되고 있다. 이는 적정한 분양가가 주택시장에서 필요한 이유를 극적으로 보여주는 사례다.

주택시장의 분양가가 주식시장의 공모가만큼 극적으로 변화하는 성질은 아니지만, 그 시스템만큼은 유사한 구석이 많다. 주택시장의 신규분양이 바로 주식시장의 신규상장(IPO)과 같기에 그렇다. 주택 신규분양도 공개 모집을 위한 분양가를 결정해서 분양하고, 청약을 받는다. 경쟁률이 높다면 모두 분양되겠지만, 분양가가 높다고 판단되면 사람들은 청약하지 않는다. 그럼 자연스럽게 분양가격은 하향 조정되어야 할 것이다.

그런데 이렇게 분양가격을 결정하는 체제에 '상한제'라는 기준이 있다면 어떻게 될까? 상한 가격을 정하는 원리를 원가연동(제조 원가보다 높을 수 없음) 방식이라고 하자. 그렇다면, 상한제가 있는 상황에서 공모했다면 더 높은 가격에 공모하고 싶어도 할 수 없게 된다. 따라서 더 높은 가격에 상장될 가능성(버블 가능성)이 원천적으로 차단되기에 나름 보수적으로 추정된 공모가격이라고 보아도 무방하다.

상한제가 없다면 원가와 관계없이 가격을 결정할 수 있기에, 높은 사업성을 원하는 공급자는 당연히 분양가 상승을 바라고 분양가를 올리게 될 것이다. 2015년 분양가상한제 방식에서 자유로워지면서, 고분양가를 선택하는 주택들이 많아질 것으로 생각한다. 일부 단지에서는 무리한 분양가를 선택하기도 한다.

상장된 주식들은 다수의 증권사 리서치 애널리스트들이 적정가격을 제시하고, 시장에서 다량으로 거래된다. 그래서 시장에서 초과 마진을 내기란 아무리 훌륭한 펀드매니저라도 늘 평생의 숙제다. 완전히 공개된 정보에서는 더욱 그렇다. 그런데 이는 주택도 마찬가지다.

주택이 준공까지 되고 입주가 되어 다수의 시장 참여자들이 등기를 완료하고 거래를 재개하기 시작하면, 이제 그 주택은 상장주식과 같이 여러 번 거래될 뿐 아니라, 잦은 거래로 적정가치 평가가 더욱 쉬워진다. 이때는 원가 구조를 무시하고 주변 시세에 동조화하는 경향을 보인다. 따라서 분양가가 자율화된 상태에서 이미 주변 시세만큼 가격을 반영해 분양되는 주택은 주변 시세로 분양되는 경우 초과 마진의 기회 역시 적다고 할 것이다. 주식과 부동산이 마찬가지다.

그럼 최근에 주식투자자들은 어떤 기업을 매수해서 수익을 내고 있을까? 정답은 바로 비상장 주식들이다. 많은 자산운용사 혹은 벤처캐피털이나 자문사와 같은 소형 금융기관들은 상장주식만을 거래하지 않고, 성장성이 보이는 비상장 기업들에도 집중적으로 투자한다.

그들은 비상장 주식을 매입하고, 이후 이 주식이 상장될 때까지를 기다려서 오랜 기다림의 끝에 오는 놀라운 주가 상승의 기회를 찾는 투자를 선택한다. 주택으로 따지자면 이런 방식이 바로 주택 재건축·재개발이 될 단지에 조합권을 확보하는 형태로 장기 투자하는 것과 같다. 결국, 시간의 문제일 뿐 대다수 재건축·재개발은 언젠간 진행될 것이기 때문이다.

필자는 늘 주택시장의 투자를 주식 투자에 빗대어 이미 상장된 우량주, 성장주, 가치주 등도 좋지만 가장 큰 수익을 원한다면 비상장 부문에 투자해야 하며 이것은 신규 아파트 분양이 아니라 조합자격을 취득하는 식의 투자라고 말하고 있다.

이 책에서 광범위한 부동산 투자전략을 깊게 다루지는 않겠지만, 간단히 실물시장에 접근하는 방법에 대해서는 요약해 볼까 한다.

금융투자업계는 기본적으로 '불확실성'을 가장 싫어하지만, 그 불확실성에 대한 할인이 너무 크게 가격에 반영될 때 오히려 초과수익도 존재한다고 믿는다.

가령 어떤 제품이 하루는 800원, 하루는 1,000원, 하루는 1,200원에 거래된다면 평균적으로 늘 1,000원에 거래되는 제품보다 변동성이 크니까 불확실성이 큰 상품으로 평가되어 금융투자의 세계에서는 인기가 적다. 그러나 800원이 된다는 것은 가끔 800원에 그 제품을 샀을 때 늘 1,000원에 거래되는 같은 상품보다 20% 싸게 살 수 있어서 오히려 대단한 투자의 기회가 생긴다.

부동산 시장에서도 미래의 불확실성이 과도하게 현재 가격에 반영되어 잠재적 적정가치보다 낮아졌을 때가 있다. 그러므로 투자하고자 하는 자산의 가격 변화를 늘 살펴보는 일은 무엇보다 중요하다. 자산시장이라는 관점에서는 주식이나 부동산이나 같다.

부동산 투자가 주식과 다르다면, 그것은 부동산에서는 관련법의 적용이 다양하고 광범위하다는 리스크가 따라다닌다는 점이다. 존치방식의 정비사업에 잘못 투자해서 자금을 날리는 경우도 상당히 많다.

투자는 차별적 수익을 바라고 하는 행위인 만큼 책을 통해서는 결코 알 수 없는 부분들이 존재한다. 하지만 투자 대상을 재건축·재개발로 한정 짓고 부동산 시장을 노크하는 것은 분양가상한제가 풀린 상황에서 신규분양을 받는 것보다는 좋은 전략이다. 앞으로 5년이, 주택을 살 마지막 기간임을 잊지 말자.

전세시장의 하이에나, 무피투자

무피투자를 아는가? 무피투자란 '피 같은 내 돈이 들지 않는(무피)' 부동산 투자 방식을 말한다. 전세를 끼고 집을 사는 것이 가장 대표적이다. 전세를 끼고 집을 산다는 것은 가령 매매가가 4억 원인 아파트를 구매하겠다고 계약하고, 계약금 4,000만 원을 지급한 후, 잔금 3억6,000만 원의 규모에 해당하는 전세를 바로 놓는 행위다. 전세금 수령과 매매 잔금 지급에 맞춰 주택 구매와 전세 놓는 것을 동시에 완성하는 형태의 주택거래다.

이때 전세가 3억6,000만 원은 매매가 4억 원 대비 90%에 이르는 무이자 차입금과 같은 것이어서, 투기적 성향의 투자자들이 소액의 자본금으로 주택을 다량 확보하는 방법으로 쓰고 있다.

2015년 9월 국회 교통위 소속 김태원 새누리당 의원이 공개한 자료에서, 서울 강서구 J아파트 150가구의 전셋값과 매매기록을 분석해보니 2012년 단 한 건의 매매도 없던 단지에서 2013년 하반기부터 2015년 9월까지 37건의 거래가 진행됐는데 전세가율이 무려 85%에 달했다고 한다.

　충격인 것은 실수요자는 고작 두 가구였고, 28가구는 전세를 끼고 샀다는 점이다. 거래량만 본다면 자가 점유율이 10%도 되지 않는, 그래서 지극히 투자자들로 가득한 단지인 것이다. 무피투자의 향연이다.

　전국적으로 전셋값의 매매가격 대비 비율, 즉 전세가율이 평균 74%라는 언론 발표가 있었다. 전세는 한국에만 있는 독특한 임차제도임은 이제 많은 사람이 안다. 전세가 종국에는 사라질 것이라는 전망도 한다.

　그러나 전세 제도는 당분간은 다시 증가할 것이다. 부동산 시장이 무피투자가 성행할 수 있는 환경으로 변해가고 있기 때문이다. 물론 전세가 증가하다가 민간 기업형 임대주택 시대의 출현과 함께 사라지겠지만.

　다주택자들은 전세를 높게 놓을 수 있다면 뭐라도 할 기세여서 최근에는 주택을 완벽하게 수리해주고 높은 전세를 받는 전략마저 취하고 있다.

　일반적으로 같은 단지의 주택 매매가는 유사하다. 향과 층이 비슷하다면 더더욱 그렇다. 그러나 전세나 월세는 큰 차이가 있다. 특히 단지가 노후화되면 될수록, 수리하느냐 마느냐의 차이에 따라 주거의 질이 크게 달라지기 때문에 그렇다. 가령 주택가격은 3억 원이지만 전세는

2억 원일 수도 있고 다른 곳은 심지어 2억8,000만 원일 수도 있다. 두 주택의 전셋값 차이는 거의 수리 여부에 달린다.

무피투자자로서는 전세 낀 투자에서 수리가 필수가 됐다. 그런데 전세로 올 입주자 처지에서는 집을 수리해주면 '좋은 집주인'이라 할 수 있다. 한국 주택시장만이 갖는 극단적 모순 중 하나다. 임차인들은 같은 가격이면 수리된 집을 원할 것이기에, 가격이 높아도 전세를 찾는다. 그래서 주택시장이 노후화할수록 무피투자가 성행한다.

종종 국토부에서 이들의 비이성적 투자행태를 단속하기도 한다. 무피투자자들은 온라인을 통해서 부동산 사모펀드를 조성해 특정 지역의 소규모 아파트를 짧은 시간에 동시에 매입하기도 하는데, 이들과 거래하는 중개사 등을 단속하는 것이다.

필자 역시 부동산 시장을 조사하려고 종종 탐방을 다닐 때마다 간혹 버스를 타고 나타나 해당 지역의 소형 평형 아파트들을 수십~수백 채 통째로 매입하는 주체들이 있음을 확인한 적이 있다. 무피투자자들이었다.

최근 기업형 임대주택 특별법으로 재건축·재개발의 잠재 가치가 상승할 것으로 기대돼 2016년 하반기부터는 전세를 낀 투자가 다시 극성을 띨 것으로 예상한다.

그들이 늘어나리라 생각하는 배경은 앞으로 주택 멸실에 따라 임대수요가 지속해서 늘어날 것이라는 점 때문이다. 매년 새로 편입되는 재건축 물량이 증가하고, 재개발 중에서도 뉴스테이를 만나 사업화되는 사업지가 늘어나면서 임차 수요는 앞으로 10년 정도 증가할 수밖에 없다.

임차인은 전세와 월세 중 되도록 전세를 원하는 경향이 있고(임대료가 낮아서), 높은 전세를 부담하려는 의지도 있다. 이는 전세 포식자들에게 더없이 알맞은 상황이어서 앞으로 전세를 끼고 주택을 매매하는 투기적 성향의 전세 공급도 늘어날 것이다. 이것이 전세 공급이 늘어나리라는 배경이다.

그들은 전세 수요가 멸실량 증가에 따라서 더 높게 형성될 것이라서 전셋값은 상승할 것으로 전망한다. 무피투자자가 바라는 것은 결국 '조합원 자격' 취득이고, 재건축·재개발의 허점을 이용해서 성공 가능성을 키우는 것이다. 그들도 결국 훗날 기업형 임대주택 사업과 연계해 용적률 상향이라는 인센티브를 조합원 자격으로 받게 된다.

무피투자자들이 최근의 부동산 시장 위기설에도 긴장하지 않는 이유가 무엇일지를 생각해 본 적 있는가? 그들도 전세 제도가 사라질 것으로 믿는다. 그래서 본인들이 제공하는 전세 낀 투자의 전세 수요 역시 높다는 걸 안다. 무피투자의 가장 큰 리스크는 주택가격 하락이 아니다. 오히려 재건축·재개발이 달성되는 시점까지 전셋값이 낮아져서 투자원금이 추가로 더 들어가는 상황, 즉, 현금 흐름에 문제가 생기는 것이다.

그들이 가격에 덜 민감한 이유는 가격이란 결국 재건축·재개발이 달성되는 시점에 미래가치를 반영할 것이란 생각을 하기 때문이다. 의

외로 초장기 투자자들인 셈이다.

현재와 같은 시장 여건에서 무피투자자들은 그만둘 이유가 전혀 없어 보인다. 전국에 존재하는 200만 명의 2주택 이상 소유자 중 극단적 투기성향이 높은 무피투자자들이 바라는 미래는 오히려 주택을 구입할 수 있는 세대가 임차로 오래 살아주는 것이다. 오늘도 재개발·재건축 단지에는 양복 입은 투자자들이 돌아다닌다.

공인중개사가 사라진다

뉴스테이와 함께 기업형 임대사업자가 많아질 한국의 공인중개사 시장은 어떻게 될까? 필자가 공인중개사 시장에 관심을 둔 때는 2014년 9·1대책 발표 직후였다.

필자는 주택 투자를 다른 방식도 아닌 주택 연식 순서대로 하고 싶었다. 1986년 준공한 목동 4단지, 1988년 준공한 상계 주공아파트, 그리고 1989년 준공한 송파구의 아파트 단지, 1992년 준공한 일산과 분당 등까지 전국에 흩어진 아파트들을 연식을 기준으로 몇 가지 조건을 넣어서 투자하고 싶었는데, 문제는 여러 지역에 흩어진 주택을 모두 중개해줄 중개사가 어디에도 없었다는 점이었다.

여러 지역에 분산투자하기 위해서는 각각 거래를 위한 거점지역의 중개사들을 다 따로 만나야 하는 불편함이 있었다. 이런 중개사에 대한

정보는 물론 전혀 없었다.

이런 불편함은 필자에게만 해당하진 않았다. 한번은 지인이 고양 행신 지역에 투자했을 때(당시 필자도 동행했다), 과거 건설사 분양소장 출신의 공인중개사를 만나게 됐다. 본인의 화려한 이력과 경력을 자랑한 중개사는 지인에게 매매가 1억5,000만 원의 13평 작은 집, 전세로는 약 1억3,000만 원으로 거래되는 주택 중 하나를 소개했다.

그 주택을 사려고 '한번 볼 수 있을까요?'라고 하자 '에이~ 그 집은 보지도 말고 사야 해'라며 거두절미했다. '왜 그런가요?' 하고 물으니 '집 보러 가는 사이에 다른 중개사가 채 간다'는 것이다.

우리는 '그래도 집을 안 보고 사는 것은 말이 안 된다. 만일 그 사이에 집을 뺏기면 그게 우리 운명이니 그래도 집은 한번 보자'고 우겨서 결국엔 그 집을 보았다.

30분쯤 지나 다시 사무실로 들어왔을 때, 중개사가 한 말은 현실이 됐다. 갑자기 그 중개사가 한 전화를 받더니 다른 중개사를 통한 손님이 1억6,000만 원에 매수하겠다면서 집주인이 이제 우리에게 그 값 이상을 제시할 수 있느냐고 되물었다는 것이다.

경쟁입찰이 붙었다는 뜻이었다. 심지어 그 전화는 우리가 열심히 인적사항을 적고 사인을 하는 사이에 일어났다. 그렇게 당황스러운 사건이 있었음에도 어찌어찌해서 결국 지인은 그 주택을 샀다.

문제는 그다음부터였다. 주택을 매수한 지인에게 거의 매일 '이 집이 나왔어. 무조건 사야 해', '이 집은 진짜 내가 1,000만 원 깎아줄 수 있어' 등등의 말을 수시로 하는 중개사 때문에 지인이 현업에 지장을 받을 정도가 됐다는 것이다.

마침내 아침 10시 전화의 노이로제에 걸린 내 지인은 공손히 전화를 걸어 '앞으로 연락을 안 주셔도 좋을 것 같습니다. 제가 관심이 있으면 연락을 드리겠습니다'라고 양해를 구해야만 했다. 그러면서 자신의 투자 스타일에 맞는 중개사를 잘 만나야 한다는 걸 뼈저리게 느꼈다고 한다.

한국에서 주택을 거래할 때 기본이 '물건'이다 보니 중개사 개인의 성향이 투자자와 궁합이 맞지 않을 가능성은 늘 상존한다.

한국의 배달 앱 '요기요'처럼 별점을 주는 서비스가 미국 공인중개업계에는 있다. 미국에는 전미 공인중개사 별점 제도를 운용하는 '집리얼티(Zip Realty)'라는 회사가 있다. 집리얼티는 미국 전역의 공인중개사들과 거래한 고객들이 직접 해당 중개사의 서비스에 대해서 별점과 리뷰를 달아 평가할 수 있는 웹사이트다.

회사는 공인중개사들을 통해 거래한 고객들로부터, 별점 5개를 기준으로 평점을 받는다. 평가항목은 중개사의 이름, 별점, 리뷰 수로 공인중개사들은 어느 나라 언어를 할 수 있는지, 전공은 무엇인지, 어떤 특징이 있는지 등을 웹사이트에 공개한다.

중개사의 이력, 경력, 사진 등이 소개되며 어떤 스타일인지(설명을 차분히 하는지 혹은 투자를 목적으로 하는 투자자들에게 인기가 높은 스타일인지 등)도 설명된다. 한때 이 집리얼티가 제공하는 서비스를 한국에도 도입해보면 어떨까 하는 생각도 들었는데, 아쉽게도 나는 이런 창업에는 용기가 부족했다. 이 시스템은 한국에서는 아파트같이 표준주택이 거래되는 상황에서는 크게 확대될 가능성은 작아 보이지만, 단독주택 중심으로 주택시장의 중심이 이동하는 지금 시점에서는 다시금 생각해 볼 만한 아이템이 아닌가 싶다.

집리얼티는 2014년 리얼로지(Realogy Holdings)라는 거대한 회사에 3억 달러에 흡수합병되는데, 리얼로지는 미국 최대의 '기업형 공인중개회사'였다. 기업형 공인중개회사 개념 역시 한국에는 생소하다. 한마디로 공인중개사들로 구성된 기업이라는 의미다.

이 회사는 뉴욕증권거래소에 상장한 기업으로, 2015년 총 5억 7,000만 불 규모의 매출을 올렸다. 미국 전역에서 790개 중개사무소에 근무하는 총 5,100여 명의 직원들이 있는데 그들은 곧 '월급을 받는 공인중개사'들이다. 건별 수수료가 아니라 급여를 받는다고 이해하면 좋겠다.

2015년 리얼로지가 거래한 주택대금은 총 180조 원 이상이었다. 리얼로지의 장점은 중개사들이 집단으로 모이다 보니 소규모 주택 중개 문의보다는 다주택·다가구, 복합건물 등 중개가 복잡한 건들이 몰린다는 데 있다. 이런 건물들에 대해서는 법무, 노무, 세무, 중개 기능 등을 종합적으로 제공할 수 있어야 하기에 수수료율도 높다.

다시 한국으로 돌아와서, 기업이 주택을 블록 단위로 매수하고, 자산운용사를 통해서 이를 전문으로 운용하는 시대가 펼쳐지면 개인인 부동산 공인중개사들은 어떻게 될까? 개인 공인중개사들은 역할이 크게 달라질 것이다. 왜냐하면, 기업들이 주택을 매입하면 할수록 주택의 거래는 현재의 개인 간 거래(C2C: Customer to Customer)에서 기업 간 거래(B2B: Business to Business)로 변해 갈 것이기 때문이다.

주택을 개인이 아닌 기업이 '집합투자기구' 형태로 보유하는 것이어서 주택은 자연스럽게 유동화(Securitization)된다. 유동화란 특정 자산을 '분할 매각'할 수 있다는 뜻이다. 이런 유동화 거래를 담당하게 될 집단은 아마 거의 증권사가 될 것이다. 혹은 집합투자자산 지분 100%를 통으로 매각하는 경우가 생길 수 있는데, 이때도 증권사를 통한 블록거래와 같은 방식으로 이뤄질 가능성이 크다. 여러모로 개인 중개사들은 기업들이 보유할 주택들에 대해서는 관여하기 어렵다.

다만, 현재의 우리나라 중개사 제도에서, 민간 기업형 임대주택을 공급하더라도 임차인을 구하고 중개하는 기능은 중개사들만이 담당할 수 있게 돼 있다. 기업이 홈페이지를 통해서 광고는 할 수 있되, 중개거래는 안 되는 것이다. 한국에는 아직 '투자형 중개법인(자기 자본으로 주택을 보유(투자)하고 중개도 하는 것)' 설립이 허용되지 않고 있기에 그렇다.

그러나 2016년 이후 법이 개정될 가능성이 크다. 한국에도 리얼로지처럼 '월급 받는 공인중개사'를 쓰는 '기업형 투자중개업'이 탄생할 것으로 예상한다.

앞으로 정비사업 연계형 리츠뿐 아니라, 이미 존재하는 재고주택을 한 개씩 매입하는 '매입형 부동산 리츠'들도 많아질 텐데, 매입할 때마다 개별 건들을 중개하는 중개사를 새롭게 선정해야 하는 것은 대단히 번거로운 일이 된다. 그래서 이런 부동산 리츠들은 중개사를 연봉제로 고용하고 자체 직원으로 관리하는 것이 더 유리해진다.

　기업의 임대시장 진출을 환영하는 정부가 법을 개정(규제 완화)해 줄 가능성이 크다고 본다. 한국 중개사 시장은 격변을 앞두고 있다.

기업에 월세를 내는 삶

임대주택에 관한 문제를 세계 각국에서는 어떻게 해결하고 있을까?

유럽 주요국의 주택 관련 지표

	영국	프랑스	독일	네덜란드	벨기에	아일랜드
총 주택 호수 (만 호)	2,711	3,126	3,927(2011년)	711	386	155
자가 점유율 (%)	67(2011년)	57(2008년)	43(2010년)	59	78(2010년)	75
사회임대주택 비중 (%)	18	17	4.6	32	7	8.7

자료: Eurostat; CECOHA Housing Eurpe, 2012, 2012 Housing Review: The nuts and bolts of European socialhousing systems

유럽의 경우 주로 한국의 공공임대와 같은 사회임대주택(Social Housing)을 도입해 주택을 구매하기 어려운 국민에게 임대주택을 공급한다. 그 비중은 총 주택의 18%(영국), 17%(프랑스), 32%(네덜란드) 등 한국의 5%대 수준과 비교해서 최소 3배, 많게는 6배나 많다.

이들 나라의 자가 점유율과 사회임대주택 비중을 합하면 영국이 전체 주택의 85%, 프랑스 74%, 네덜란드는 무려 91%에 이르러, 이 수치를 제외한 나머지만이 민간임대주택이다. 이 민간임대주택도 한국처럼 개인이 99%가 아니라, 기업과 개인이 적당한 지분을 확보하고 있다.

일본은 유럽, 미국과는 또 다르다. 전체 임대시장의 70% 이상을 '민간 기업형 임대사업자'가 공급한다. 한국의 뉴스테이가 지향하는 모델을 이미 완성한 국가라고 할 수 있다.

일본에서 최대의 임대주택 사업자는 '다이토건탁(대동건탁)'이라는 민간 기업이다. 다이토건탁은 약 80만 호의 임대주택을 공급하는 주택임대시장의 대기업으로 일본 주식시장에도 상장되어 있으며 기업가치가 13조 원을 넘는다(2015년 말 기준).

다이토건탁 이외에 레오팔레스21, 다이와리빙, 에이블, 아파망숍 등 다양한 임대주택 사업자들이 각자의 콘셉트에 맞는 임대주택을 민간 임대시장에 공급하는 것이 일본 임대시장의 특징이다. 1인 노령가구를 중심으로는 다이와리빙을, 20대 젊은 대학생들을 위해서는 에이블이나 아파망숍을 이용하는 식이다.

이들 임대주택 기업 중 에이블 같은 기업은 전국적인 부동산 중개체인망도 운영한다. 아파망숍이 1,100여 개가 넘는 중개사를, 에이블은 800개, 다이토건탁도 400여 개의 중개업소를 확보하고 있다. 한국의 공인중개소 체인을 기반으로 주택임대업으로 발전한 형태가 바로 에이블, 아파망숍이다. 다이토건탁, 레오팔레스 같은 기업은 주택건설사업자였다가 임대주택 사업자로 진화한 것이다.

일본은 한국 주택시장의 벤치마크 대상으로 종종 거론되는 국가다. 그러나 부동산 시장에서는 주로 부동산 가격 폭락의 선례에서나 인용되지, 민간 기업형 임대주택의 사례로 인용되는 경우는 별로 없다.

일본은 전 세계에서 민간 기업형 임대주택시장이 가장 발달한 나라이고, 한국에서 작년 말 시행된 '민간 임대주택에 관한 특별법'이 지향하는 형식의 임대차 시장을 갖는 나라라는 점에서 큰 시사점을 준다.

일본의 이런 민간 기업형 임대주택의 활성화는 1991년 제정된 '차지차가법(차지란 토지 임차, 차가는 투개 임차 의미)'이 시행된 데 따른 것이다.

1990년대 들어 일본의 토지·주택시장은 장기 침체에 진입한다. 도심 내 공지에 대한 세금도 강화된다. 그러자 토지주들에게 임대주택을 공급해서 임대료 수익을 확보하면 유리할 것이라고 토지주를 설득하는 민간 기업들이 나타났다. 이들이 현재의 민간 기업형 임대주택 사업자들이었다.

중고주택의 노후화와 슬럼화 문제에 대응한 '맨션 관리법'과 '도시재생특별법'도 이러한 변화를 도왔다. 특히 정기차지차가법(차지란 토지를 빌린다는 뜻)이 핵심으로, 일본에서는 정기차지제도를 통해 토지를 약 30

년간 빌리고(이를 마스터 리스라고 함), 이 빌린 토지에 임대용 건물을 건설하여 임차인을 구하는 형식(이를 서브 리스라고 함)의 사업모델이 시장에 진입할 수 있게 됐다. 이렇게 변화한 환경에서 일본 최대의 서브 리스(주택임대) 사업을 하는 민간 기업이 다이토건탁이다.

한국도 민간 기업형 임대주택 특별법에 따라 뉴스테이가 3가지 형태로 확대될 경우, 일본과 같은 형태의 민간 임대주택시장으로 변화할 가능성이 크다. 전체 794만 호의 임대주택시장 중 공공임대주택이 139만 호이고, 민간 임대주택이 655만 호에 해당한다. 이들 민간 임대주택 중 개인의 비중은 98%로 전 세계 어디에서도 찾기 어려운 개인의 민간 임대주택시장의 비중이 높은 상태다.

한국의 변화를 눈치챈 발 빠른 일본기업들은 한국에 속속 진출하기 위해 한국 파트너사를 물색하고 있다. KT는 일본의 다이와리빙과 함께 KD 리빙(KT+Daiwa)을 설립했다. KT가 51%, 다이와리빙이 49%의 지분을 소유한다. 국내 증시에 상장된 케이탑리츠 역시 다이와하우스의 지분을 투자받아 도심형 임대주택시장에 진출하겠다고 밝혔다.

앞으로 민간 기업형 임대주택 사업자가 매년 약 10만 호의 임대주택 물량을 확보하게 된다면, 민간 임대시장에서 민간 기업이 차지하는 비중은 빠르게 상승하게 될 것이다. 물론 일본만큼 전체 민간임대주택 물량 중 60% 이상을 민간 기업이 확보하려면 앞으로도 약 15~20년 이상이 걸릴 것으로 보지만, 민간 기업형 임대주택 사업자의 출현으로 한국도 일본처럼 기업에 월세 내는 개인들이 점차 늘어날 것이다.

현금으로 내는 월세뿐 아니라 기업에 낼 비용은 다양한 형태를 띨 것이다. 만약 KT가 민간 제안형으로 임대주택을 공급하게 된다면 KT 포인트로, 하나금융지주가 공급하는 임대주택에서는 하나멤버스 포인트로 월세를 낼 수 있을 것이다. 독자들이 사용하는 모든 대기업의 카드 포인트들이 결국 월세의 일부로 전환될 수 있음을 알자.

부동산 리츠가
밀려온다

　민간 기업형 임대주택 사업을 장려하는 한국 정부가 앞으로 내놓을 대책들은 무엇일까? 정부가 계획한 주택시장의 거대한 패러다임 변화는 이 책을 통해서 이제 충분히 설명한 것 같다.
　앞으로 700만 재개발·재건축이 사업화하는 과정에서, 투자를 목적으로 두 채 이상의 주택을 보유한 사람들이 기업에 매각할 기회를 얻게 된다. 대신 기업은 주택을 싸게 많이 살 수 있게 되므로 다른 임대사업자 대비 정비사업과 연계한 주택 매수의 사업성이 높아진다. 이런 구도라면 정부가 내놓을 대책은 쉽게 예상된다.
　앞으로 기업이 적극적으로 주택임대사업에 진출할 수 있도록 하려면 정부는 1) 집합투자기구의 설립기준을 완화하고, 2) 자금조달을 보조하는 금융 대책을 내놓게 될 것이다. 그리고 3) 기업형 임대주택을 공급할 수 있는 도심 재정비 사업의 물량을 확대하는 데 집중할 것이다.

정부는 이미 엄격한 진입규제가 존재하는 리츠 시장의 문을 반쯤 열었다. 2016년 1월 18일, 사모형 리츠에 대해 기존의 인가제를 등록제로 전환키로 했고, 6개월 후 시행을 예고했다. 사모형 리츠는 부동산투자회사법에서 정한 주주(지자체·연기금·행정공제회 등 24개 기관)가 30% 이상 투자한 리츠를 말한다.

사모 리츠는 주로 위탁관리회사(AMC)를 통해서 비교적 안전하게 자산을 관리할 수 있는 상태였으므로 투자의 위험성을 통제할 수 있다고 판단해서 인가제를 등록제로 전환하기로 한 것이다.

부동산 집합투자기구 중에서 가장 대표적인 것이 부동산펀드(자본시장법상 규제)와 부동산투자회사인 리츠(부동산투자회사법상 규제)의 두 가지다. 그러나 펀드가 최소 자본금 규제가 없고, 리츠는 70억 규제가 있는 만큼, 리츠 설립은 펀드와 비교해서는 까다로웠다. 이 때문에 리츠 규제 완화는 예고된 것이다.

최근에는 사모형 리츠를 공모로 전환해 일반 개인들이 투자할 수 있도록 하는 작업도 확대되고 있다. 이래저래 부동산 리츠는 올해 규제완화의 주인공 중 하나다.

서울시는 지하철 역세권에 청년 공공임대주택을 건설한다고 보도자료를 배포한 적 있다(2016년 3월 23일). 지하철 출입구에서 250m를 기준으로, 대상 부지의 용도지역을 상향한다는 강력한 인센티브를 포함하고 있다. 이 대책은 기업형 임대주택(준공공+공공)을 공급하고, 전용 $60㎡$

이하에 대해서는 취득세 면제, 재산세는 면제 혹은 감면, 건설 자금도 2%까지 이자를 지원하는 혜택이 포함하고 있다. 시범사업으로 충정로역 역세권과 봉화산역 역세권이 선정됐다.

정부나 지자체가 선택할 두 번째 지원방안이 바로 이렇게 구도심의 택지를 기업형 임대로 전환할 수 있도록 하는 대책들이다. 하나금융지주나 KT 등이 임대주택 사업을 구도심 내의 사업용 부지를 주택용으로 전환할 수 있도록 하는 대책들도 큰 개념에서는 구도심의 택지를 확보하는 것과 같다. 앞으로 나올 정부의 지원책은 이런 구도심 내 사업용 부지를 확보하는 것이 될 것이다.

한국 주택시장의 미래

과거 주택 공급 집중 시대에는 주택개발사업의 시행, 시공, 그리고 분양 등 양적 지표를 채우기 위한 공급 중심의 비즈니스가 전성기를 이뤘다.

국내 대형 건설사들과 시행사 들이 이러한 자리를 차지했고 수십 년에 걸쳐 그 이익을 누렸다. 선분양과 토지 매각가격에 대한 논란에도 다양한 인센티브가 있었고 그들이 주택시장의 주인공으로 군림했다. 그러나 양적 확장기가 더는 지속하기 어렵게 됐다. 이제는 양적 확대가 아닌 질적 변화, 점유의 변화가 발생하고 있다.

주택시장에서는 기업형 임대주택 시대에 임대-유지·관리-유통-리폼 등 이른바 후방 밸류체인이 발전하게 될 것으로 예상한다. 이런 변화는 이미 주택시장이 발달된 나라들에서 공통으로 발견되는 것이어서 새삼 특별할 것도 없다. 한국의 임대주택시장이란 민간 개인이 99%를 운영했던 만큼 '질'에 대해서 큰 관심이 없었다. 임대주택시장의 패러다임은 기업형 임대주택 서비스의 향상과 함께 많은 변화를 몰고 올 것이다.

    기업형 임대주택의 주거서비스는 민간 개인의 주택서비스와 질적으로 차별화된다. 한국의 경우에도 기업형 임대주택의 임대관리회사로 등록한 회사들은 새로운 주거서비스를 제공할 것으로 보인다.

    동탄2(A-14)의 대우건설 푸르지오 서비스는 맞춤형 교육, 소모품 교체, 내외부 청소 등을 부가서비스로 제공한다고 밝혔고, 위례신도시의 대림 코퍼레이션은 세탁, 이사, 육아 등의 '오렌지서비스'를 제공하겠다고 예고했다. 일본의 기업형 임대주택 사업자와 유사한 서비스들을 한국 최초로 제공하는 것이다.

    민간 기업의 임대서비스는 다양한 제품의 렌탈, 보안, 청소, 교육, 육아 등의 서비스들을 추가로 늘려가며 확대될 것이다. 그리고 임대료는 옵션제로 상승할 것으로 예상된다.

    주택의 유지·관리 그리고 운영 사업이 발전한다는 것도 큰 변화다. 집합투자기구를 통해서 주택을 수천~수만 호씩 보유한 기관은 이를 직접 운영하지 않고 위탁관리로 전문 부동산 자산운용사에게 맡길 공산이 크다. 이 때문에 한국에서도 부동산 전문 자산운용사가 출범할 것으로 예상한다(그중 하나가 인천 십정2구역, 광주 누문지역을 매수한 스트래튼 홀딩스다). 자산운용업의 한 부분인 대체투자 부문이 특히 크게 성장할 것이다.

    물리적 시설 관리 역시 가파르게 성장할 것이다. 금전 신탁과는 달리, 부동산 신탁은 물리적인 유지·관리가 필수다. 아파트관리업을 생각하면 될 이 시설 관리업은 지금은 청소와 간단한 용역 등에 머물러 있지만, 이후 다양한 기업의 부가서비스(보육, 교육, 렌탈, 도우미 등)와 결합하며 대단히 빠르게 성장할 것으로 예상한다. 특히 기업이 보유한 건물의 유지·관리는 감가상각에 중대한 영향을 미치는 항목이어서, 경제적 가치를 끌어올릴 수 있는 기법 등이 다양하게 도입될 전망이다.

민간 기업형 임대주택이 만들 세 번째 변화는 바로 유통시장의 변화다. 주택이 집합투자기구 형태로 매수되기 때문에 자연스럽게 금융시장에 등장한다. 이 중 일부는 주식시장에 상장해 일반 개인 투자자들이 직접 주식처럼 매수할 수 있게 될 것이다. 이 역시 한국에서 볼 수 없던 그림인데, 외국에서는 이미 이런 후방 산업이 발달해 있다.

미국을 보면 상장 리츠가 187개, 리츠의 총자산 규모는 약 862조 원에 이른다(2014년 상반기 기준). 일본도 상장 리츠가 총 88조 원의 자산을 운용하고 있다.

미국에 상장된 주택(Apartments) 부문의 리츠 중 최대 규모는 에쿼티 레지덴셜(Equity Residential REITs, EQR)이다. EQR은 1969년에 설립됐고, 주택임대업을 영위하는 공모 리츠다. 시가총액은 약 35조 원에 이르고 11만3,000호가량의 부동산 자산을 보유하고 있다(이 중 2만3,000개의 자산은 2015년 10월에 매각해서 현재는 8만9,000개 보유). 전체 임대자산 규모는 총 34조 원이다.

리폼 시장도 열린다. 주택의 개보수를 담당하는 리폼도 기존에는 착한 일부의 사마리아인이 개인적 목적으로 했다면, 이제는 기업이 리폼 계획을 밝히고 순서대로 진행할 것이고, 이 역시 전문 기업 간 거래 (B2B) 형태가 될 것이다.

한국의 부동산 시장은 99%의 개인형 민간임대시장에서 앞으로 얼마의 비율로 민간 기업의 비중이 올라가느냐 하는 쟁점이 있기는 하나, 구도상 민간 기업의 비중이 높아질수록 크게 네 가지 부문의 패러다임 변화를 예고하고 있다.

뉴스테이는 한국의 고질적 병폐인 '주택의 점유구조'에 메스를 대는 것이어서 그간 간헐적으로 반창고를 붙이던 것 같던 주택정책들과는 근본부터 다르다.

임대주택을 누가 공급하고 어떻게 공급하며 유지할 것인지의 문제, 택지시장에 나타나는 변화, 그리고 어떤 주택 수요가 자극되어 시장이 어떻게 흘러가고 매매가와 임대료는 어떤 방향을 갖게 될 것인지 등, 주택시장에 대한 거의 전 부문에 근본적 변화를 불러왔다. 불과 3년 만에 이뤄진다는 점을 눈여겨봐야 한다.

미래의 부동산 시장은 어느 순간 우리 곁에 성큼 다가왔다. 잊지 말자. 앞으로 5년은 과도기요 이후는 달라지는 시대다. 이제 다시 책의 처음으로 돌아가서, 주택을 사느냐 마느냐 고민하는 양 갈래의 갈림길에서 필자는 그동안 보지 못했을 것으로 예상하는 미래의 그림들을 충분히 보여주었다고 생각한다.

이제부터는 독자들이 선택해야 할 문제다. 필자부터 말하자면, '나는 토지시장이라는 부루마불의 주사위를 굴리는 참여자가 될 것이다.

제 4 부

어떻게 주택을 사야 하나

내 집을 마련하는 실전 노하우

서울에 20평 1억 아파트 공급이 가능할까?

2016년 1월, '20평 새 아파트 1억 원에 공급'이라는 제목으로 대중의 관심을 크게 받은 기사가 났다. '헬조선의 아파트는 왜 비싼가'라는 기획물 중 하나로 소개된 그 기사에는 서울시 등 지자체가 보유하거나 매각 예정인 부지를 50년씩 장기로 빌리고, 사업주는 그렇게 빌린 토지 위에 공동주택(아파트)을 건설해서 20평 1억 아파트를 분양하겠다는 것이었다.

아파트 건축비가 3.3㎡당 400~450만 원 수준이므로 20평대 아파트를 1억 원에 공급할 수 있다는 것이다. 이 대책은 '20평 1억'이라는 키워드로 요약됐고 많은 조회 수를 기록했다.

토지의 소유주는 지자체인데, 50년간 장기 임대차계약을 체결하고 그 위에 사업주가 임대용 주택을 건설해서 임차인에게 임대료를 수취하는 방식, 어디서 본 적 없나? 이는 바로 일본의 민간 기업형 임대주택 사업주들이 사업하는 방식과 같은 개념이다.

일본의 장기차가제도와 같이 장기로 토지를 빌리고, 그 위에 임대용 아파트를 짓는데, 건설 비용이 20평에 1억 원 정도 투입되므로, 임차인에게 건설비 1억 원을 내도록 하고, 토지를 빌린 비용은 임차인이 내는 월세로 충당하는 것이다.

공동주택 사업자는 임차인에게 받은 임대료를 모아서, 토지주에게 내면 되는데 1) 영리 목적 사업이라면 임차료를 약간 높게, 토지 비용을 약간 낮게 해서 차액을 수익으로 인식할 것이고, 2) 비영리 목적 사업이라면 임차료=토지대와 똑같게 해서 구조를 짜게 될 것이다.

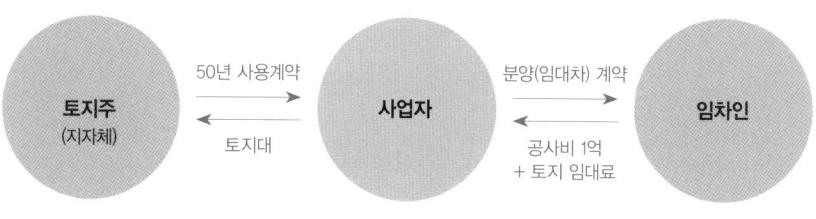

이런 방식은 외견상 '분양(매수)'으로 보이지만, 결국은 임대아파트에 사는 것이다. 만약 아파트의 생애주기를 30년으로 본다면, 30년간 최초

분양가(공사대금) 1억+토지임대료를 지급하는 것이니 30년 동안 감가상각을 가정하면 30년 후 잔존가치는 건축물 가치가 0원, 토지는 여전히 지자체 소유가 된다.

만약 기사의 내용대로 서울의료원 용지에 대해서 20평 일반분양가 1억과 토지 사용료 월 36만 원(연 432만 원)을 내게 된다면, 이 임대주택을 분양받은 사람은 매년 765만 원의 임대료를 내고 살게 된다. 월 64만 원을 내는 셈이다. 단, 30년 후 남는 건 전혀 없다. 잔존가치가 제로이기 때문이다. 그런데 이런 임대주택이 왜 '주거복지'나 '헬조선은 왜 아파트가 비싼가'의 대안으로 거론되는지 이해하기 어렵다.

필자가 생각하는 주거복지란 자가 점유율을 선진국 수준만큼 높이고, 주택이 투기의 대상이 아니라 공공이나 민간 기업이 임대주택을 충분히 공급함으로써 임대시장의 양과 질이 확보되고 가격이 안정화되는 것이다.

SH공사나 LH공사, 혹은 지자체가 자기들 보유부지에 공사비를 투입해서 직접 공급하면 될 것을 굳이 중간에 사업자를 끼워서 50년간 장기임대차 계약을 맺고, 사업자가 다시 임차인과 계약하는 옥상옥 방식의 공급구도가 필요한 이유를 찾기도 어렵다.

'20평 1억' 주택의 가격이 혼란을 줄 수 있는 이유는 결정적으로 '건축비'만을 주택가격에 산정했기 때문이다. 분양가의 기준이 '토지비+건축비+마진'의 구조로 되어 있음을 상기할 때, 주택가격은 건축비 외에도 토지비를 포함한 것이고 건축비는 분양가의 극히 일부에 불과하다.

강남지역으로 갈수록 토지비가 차지하는 비중이 급상승하는 점도 특징이다. 그런데 토지비를 임대로 전환해서 토지대를 내고, 건축비만 주택가격으로 산정해 분양하는 것은 말 그대로 조삼모사다. 결국, 건축비든 토지비든 총 임대료를 내는 것이니까. 그리고 30년 후 남는 건 없다? 이걸 분양주택이라 할 수 있을까?

월 64만 원, 연 765만 원의 비용은 2억5,000만 원을 3% 금리로 은행에서 빌렸을 때 매년 지급하는 금액과 거의 비슷하다. 이는 2억5,000만 원짜리 전세를 살았을 때 나가는 이자비용과 똑같다는 의미인데, 결국 30년이 지나도 남는 것은 없다. 은행 전세대출 2억5,000만 원만 남아있을 뿐이다.

구조상으로도 민간임대주택을 공급할 것이라면 굳이 지자체-공급자-임차인의 삼중 구조일 필요가 없다. 사업자-임차인의 이중 구조가 훨씬 간결하다. 그래서 정부도 LH공사가 추진해 오던 뉴스테이 중 LH 보유부지 공모형에 대해서는 민간 사업자에게 토지매각 방식을 결정했다. 50년씩 장기 임대차계약을 맺지 않는다.

대우건설의 화성 동탄2 A95블럭 뉴스테이의 경우, 총 4만4,347㎡의 면적에 아파트 612세대를 건설하고, 토지가격은 829억 원으로 2년 무이자 분할납부를 통해 약 3.9% 할인된 가격으로 건설사에 매각됐다. 삼중 구조로 복잡하게 할 필요 없이, 이중 구조면 되는 것이다.

2015년, 재개발·재건축의 사업성이 소리 없이 좋아진 이유

3.3㎡당 분양가 4,290만 원의 신반포자이가 2016년 화제다. 이 아파트의 분양가가 국내 분양 역사상 최고가를 갈아치우며 소위 가장 비싼 아파트가 됐기 때문이다. 원래 강남권 분양가는 반포아크로리버파크가 3.3㎡당 4,000만 원대를 처음 기록하며 시장의 관심을 받았다. 이후 반포푸르지오써밋이 역시 4,000만 원대 분양가를 기록했고, 2016년 들어와서는 개포동 일대의 재건축 아파트 분양가가 4,200만 원을 넘어서기 시작했다.

2015년 4월 이전에 분양한 아파트와 그 이후에 분양한 아파트의 분양가를 볼 때는 따로 구분할 필요가 있다. 정부는 2015년 4월 1일, 8년을 지속해 오던 분양가상한제를 자율화(민간택지에서 폐지)했다. 전국 재건축·재개발 단지의 일반분양가는 올라갈 기회가 됐다.

조합은 주택시장의 분양 경기가 양호하다고 판단할 때 분양가를 기존에 생각했던 가격보다 높여서 책정할 수 있게 됐다.

분양가가 상한제를 적용받아 '택지비와 건축비'를 합한 가격을 분양가로 산정했던 과거 방식과 달리, 이제는 원가와 관계없이 조합이 판단해서 분양가를 결정할 수 있게 된 것이다. 8년 만의 변화였으므로 전국의 재개발·재건축 조합은 쌍수를 들어 환영했다.

재개발·재건축 등 정비사업에서 가장 중요한 변수는 두 가지다. 첫째는 분양면적이고 두 번째가 분양가격이다. 그동안 분양면적은 용적률 등을, 분양가격은 분양가상한제를 통해서 규제돼왔다.

이 중 사업의 핵심변수인 분양가를 자율화해서 결정할 수 있게 한 것은 정비사업 측면에서 거대한 인센티브를 부여받은 것과 같다. 정부가 이후 뉴스테이법을 통해서 민간 기업형 임대주택을 공급한다면 용적률 인센티브를 부여했으므로, 재개발·재건축 사업에서 결정하는 핵심 변수 두 가지에 대해 모두 완화책을 낸 셈이다. 정부가 얼마큼 부동산 시장의 대책을 정교하게 만들고 있는지를 시사하는 대목이 아닐 수 없다.

정비사업의 수익성을 개선해 준 대책은 공공임대 의무공급비율의 완화다. 도시 및 주거환경정비법(도정법) 시행령이 2015년에 개정됐다. 전체 주택 중 임대주택의 의무공급비율을 기존 100분의 20에서 100분의 15로 낮출 수 있게 됐다.

단순한 5%포인트의 변화라고 보기에는 이 역시 파괴력이 크다. 왜냐하면, 해당 시행령에서 시·도 조례를 통해서 '15% 이내에서 결정'할 수 있도록 했기 때문에 5%포인트 이상 낮출 수도 있기 때문이다.

실제로 인천시의 경우 임대주택의 공급비율을 도시정비 조례에서 0%로 낮추며 임대주택 건설의무를 폐지했다. 최소한 인천에서라면 사업주가 하고 싶으면 임대주택을 공급하고 아니면 하지 않아도 좋다는 의미다.

그동안 공공임대주택 의무공급 물량은 분양가의 60~70% 수준으로 LH공사 등에서 인수했기에, 조합으로서 전체 세대수의 100분의 20을 60~70%로 공공기관에 매각하는 것은 사업성 악화의 원인이 된 것이 사실이다. 그러나 2015년 도시정비법 개정 및 하위법 개정을 통해 공공임대주택 의무공급 비율을 지자체가 선정할 수 있게 됐다. 기준 비율도 20%에서 15%로 낮춰졌다.

서울 등 주택 공급이 특별히 열악한 지역에서는 '도시정비 조례'를 특별히 개정하진 않을 것으로 보이지만, 경기도 일부 지역의 특히 장기 미추진 사업이 많은 인천시 등지에서는 조례를 더 적극적으로 개정해 사업성을 높여줄 것으로 예상한다.

2015년을 전후로 구도심 재생사업이 속도를 내기 시작했다. 재건축은 재건축 연한이 10년이나 단축됐다. 재개발 사업은 공공임대주택 의무공급비율 완화, 지자체 자율화, 그리고 뉴스테이 도입을 통한 용적률 상승 등이 이뤄졌다. 전체 사업의 분양면적과 분양가격을 완화하는 대책들이 쏟아졌다는 표현이 어울릴 정도로 많은 변화다.

2015년 이후 전국 주택 재개발 사업이 활기를 찾고 다시 돌아가는 현장들이 나오기 시작한 것은 결코 우연이 아니다. 모든 활성화 대책 중 가장 큰 규모의 완화책이 '민간 기업형 임대주택' 제도였기에, 이 제도는 재정비 사업의 획기적 촉매제가 될 것이다.

2 추진 방안

○ 규제 완화를 넘어 철폐 수준의 고강도 제도개선 필요
○ 지금까지 사업성 돕기 위해
   - 단지 내 차도율 15% → 35%까지 완화(지하주차장 비용 완화)
   - 건축물 인동거리를 높이의 1.0 → 0.8배로 완화(건축조례 개정)
   - 제3종일반주거지역 용적률 심의기준 250% → 275% 완화
   - 노외주차장 0.6% 이상 설치의무 폐지(주차장조례 개정)
   ⇒ 그러나 여전히 민간 재개발 시장은 풀리질 않고 있어, 정비사업에 활력을 불어 넣기 위해선 전폭적인 지원이 절실함.

○ 방안: 임대주택 건설의무 폐지
   - 재개발 사업은 계획 세대수의 일정한 비율을 임대주택으로 건설해야 하고 이를 시 또는 국가가 의무적으로 인수하여야 함.
   - 이 규정이 3월 10일 자로 지자체장이 건설비율을 조정할 수 있게 개정됨에 따라 우리 시의 기준을 정하여야 함(5월 29일 자 시행)
   ※ 인천시에서 주도적으로 중앙정부에 건의하여 대통령령 및 고시 기준 개정됨.

   (현행) 구역별 전체 세대수의 17퍼센트 이상 건설
   (개정) 지자체장이 15 ~ 0퍼센트 범위 안에서 고시
   ⇒ 지자체에서 일정 비율을 고시하여야 함. 고시 않으면 15% 적용해야

   임대주택 건설비율을 획기적으로 완화, 0%로 고시

기존 주택 재개발 사업에서는 공공임대주택을 전체에서 20%를 의무공급하도록 했다가 2015년 개정을 통해서 전체 공급 세대의 15% 이내에서 지자체가 조례를 통해 결정할 수 있도록 개정했다. 이에, 인천시는 공공임대주택 의무 공급비율을 0%로 대폭 하향 조정했고, 이는 일반분양 물량이 상대적으로 증가해 기존보다 사업성을 높일 수 있는 계기로 작용하였다.

지분제와 도급제 방식의
차이를 알자

　서초구를 대표하는 아파트 단지를 꼽으라면 단연 반포래미안과 반포자이를 든다. 실제로 여러 세미나 때 반포래미안과 반포자이의 사례를 비교하는 것은 대중의 관심을 쉽게 가져올 수 있어서 필자도 종종 인용하고 있다.
　단지 규모, 사업방식, 그리고 주택 브랜드 등 여러 가지 면에서 경쟁적 관계이고, 소위 강남 재건축을 대표하는 두 대형 건설사의 자존심과 같은 현장이어서일 것이다.
　그런데 이들 단지는 외형적인 면보다는, 사업의 방식에서 완전히 달랐다는 것이 가장 큰 차이점이다. 바로 재건축·재개발 사업의 대표적 방식인 지분제와 도급제 방식의 차이다.
　반포래미안은 구반포 2단지를 재건축한 것으로 도급제 방식이었고, 반포자이는 구반포 3단지를 재건축한 것이며 지분제 방식이다. 그런데 도급제 방식은 무엇이고 지분제 방식은 무엇일까? 이 두 방식은 그야말로 '하늘과 땅' 차이가 나므로 유념할 필요가 있다.

두 방식은 사업의 주체가 재건축 조합이냐 아니냐로 나뉜다. 도급제 방식에서 사업주체는 조합이다. 미분양이 나면 나는 대로, 혹은 일반분양가가 상승해서 수혜가 나면 나는 대로 사업 리스크를 조합이 진다.

건설사는 도급제 방식에서 조합에 건설서비스를 의뢰받은 하도급업체의 지위만을 가진다. 조합이 일반과 조합분양을 통해서 얻은 매출 중 일부를 건설사에 도급비용으로 제공한다. 사업 리스크를 조합이 지기 때문에 조합이 고위험(하이 리스크), 고수익(하이 리턴)이 되며, 건설사는 사실상 리스크 제로다.

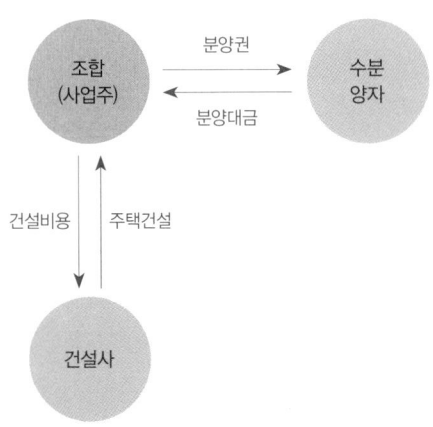

도급제 방식

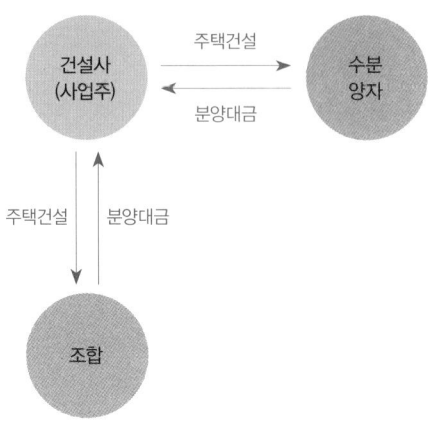

지분제 방식

　　지분제 사업방식에서는 조합과 건설사의 위치가 정반대로 된다. 지분제 방식의 사업주는 보통 건설사가 되며, 조합은 입주권이 있는 분양자 지위일 뿐, 사업의 리스크를 지지 않는다.

　　건설사는 전체 분양 매출과 건설비용 등을 확정해, 입주권이 있는 조합원에게는 그 조합원이 갖는 토지의 가치를 평가하여 지분율로 인정하고, 일반 분양자들에게는 분양권을 넘기고 분양대금을 수취한다. 이 방식에서는 건설사가 고위험(하이 리스크), 고수익(하이 리턴)이 된다.

　　지분제 방식을 택한 구반포 3단지 조합은 시공사 후보로 당시 GS건설, 롯데건설, 현대산업개발이 경합해서 GS건설이 무상지분율을 171%로 제시하면서 이 사업을 수주한다. 당시 대지지분 20.4평을 보유한 조합원은 GS건설 측이 확정지분제를 통해서 총 4억8,400만 원으로 평가하는데 이는 평당 약 2,370만 원에 해당하는 금액이었다.

반포자이는 확정지분제 형태로 일반분양금 총액이 예상보다 10% 높게 초과 상승해 분양되면 초과분에 대해서 그 차액을 조합원에게 환급한다는 형식으로 계약을 체결했지만, 이후 2005년 변경한 계약으로 (이 변경계약이 훗날 소송의 원인이 됨), 임대주택 건설이나 상가보상금 등에 따르는 비용을 조합이 부담하기 어렵다고 느끼고, 조합은 분양수익 전부를 시공사에 넘기는 방식으로 개정한다. 즉, 완전한 '지분제' 방식으로 변모한 것이다.

그런데 2006년을 전후로 한 주택경기 호황에, 반포자이의 분양가는 84A 타입이 256세대, 분양가 7억7,000만 원 수준에서 공급된다. 조합이 사업 추진 초기 단계에서 예상했던 1,130만 원 수준의 분양가를 훨씬 웃도는 수준으로, 일반분양가격이 3.3㎡당 3,000만 원을 넘었다.

이제 사업방식이 '순수 지분제'가 된 상태였으므로, 분양수익을 GS건설이 모두 수취할 수 있게 되었고, 조합은 이를 넋 놓고 쳐다봐야만 했다. 이 사업에서 GS건설은 몇천억 원대의 어마어마한 수익을 본 것으로 알려졌다(2016년 5월, 대법원은 초과수익을 분배하라는 판결을 내렸다.).

반포래미안와 비슷한 시점에 사업을 시작한 반포래미안은 도급제 방식이었기 때문에, 조합이 모든 사업의 리스크를 지고 시공사는 단순한 하도급 역할만을 했다.

앞으로 재건축대상 아파트에 투자한다면, 지분제냐 도급제냐를 결정하는 것이 그 정비사업의 모든 것이라고 할 정도로 중요해졌다.

본인이 투자한 단지가 지분제 사업방식을 택한 것이라면, 적은 부담(Low Risk), 적은 수익(Low Return)이 된다고 인식하면 틀리지 않는다. 물론 지분제 방식이이도 사업 손익의 귀속을 시공사와 조합이 분배할 수 있으므로, 지분제 방식의 경우라면 알아볼 것이 많다.

도급제 방식을 택한다면, 조합원이 되는 순간 사업의 모든 리스크를 짊어지게 된다. 도급제 방식은 이름 그대로 조합원 처지에서는 고위험, 고수익 방식이 된다. 어떤 단지를 선택할지는 개인 취향이겠지만, 지분제와 도급제의 차이가 훗날 사업의 진행이나 사업 손익에서 가장 중요할 수 있다는 점을 확인해야 한다.

주택 재건축 투자의 정석

뉴스테이로 주택 재개발 사업이 활성화하고, 도정법 개정을 통해서 공공임대 의무공급비율도 5%포인트 이상 낮아지고, 또 9·1대책으로 주택 재건축 사업이 단축됐고, 결정적으로 모든 정비사업의 분양가가 자율화됐기 때문에, 주택시장에 전례 없는 투자의 기회가 찾아왔다.

그런데 부동산 투자, 특히 쉽고 편하고 빠른 아파트 거래와 달리, 단독주택 거래는 조심해야 할 것도 많고, 관련법도 더 복잡해 투자원금 손실 가능성이 분명히 존재한다.

투자해야 한다는 걸 알면서도 투자금이 부족해서 못 할 때가 가장 안타까운 순간 중 하나일 것이다. 필자는 이 책을 통해서 주택시장 투자의 아주 세부적인 부분까지는 아니라도, 재건축·재개발 투자의 가장 기본이 되는 부분과 간략한 리스크를 소개하고자 한다.

투자해야 한다는 강박관념에 몰입하면 자기 보유금이 아니라 은행 대출이나 전세 등 타인자본을 활용해가면서까지 부동산 투자를 하게 된다.

그러나 투자란 결국 원금 손실의 가능성을 지는 것이다. 원금보다 초과 손익이 가능한 경우를 금융상품 중 파생상품이라고 하는데 레버리지를 낀 부동산이 바로 파생상품에 속한다.

가령 주택의 경우 10%를 자본으로, 90%를 전세로 하는 무피투자자들이 있다고 하자. 주택의 가격이 기존 100에서 70으로 30% 하락할 경우, 투자자는 투자금 10을 초과하는 30의 손실을 보게 된다. 이런 경우를 원금을 초과하는 손실이 발생할 가능성이 있기에 파생상품이라고 하는 것이다.

엄밀히 말해서 주택은 그 자체로 순수 현금만으로 투자하기에는 금액이 크기 때문에, 은행대출부터 전세를 낀 투자까지 대부분 타인자본이 활용되고 이는 투자원금 이상의 손실로 연결될 수 있다.

부동산에서는 전문가의 식견이나 아이디어를 빌려 투자하거나 시장의 고수라 일컫는 사람들의 성공사례 등을 통해서 투자하는 분들이 생기게 마련이다. 그러나 궁극적으로 투자란 '자기 계산'으로 하는 것이다. 시간이 얼마가 걸리든 본인이 시장을 바라보는 눈을 길러야 한다.

직접 발품을 팔고, 이 책에서 전달하는 간단한 투자 방법론 등을 접하고 스스로 연마한다면, 누구 못지않은 전문가가 될 수 있다. 건전한 자기 계산 아래에서는 때로 리스크를 감수하는 투자에 나서게 된다.

가장 간편한 부동산 투자 방법이자, 투자금이 적게 드는 방식이 재건축이 예상되는 신도시의 아파트를 전세를 끼고 매수하는 방법이다. 이는 기존의 집주인과 매매거래계약을 체결한 후, 곧바로 전세계약을 체결해 매매와 전세거래 간 현금흐름을 맞추는 것을 목적으로 한다.

아래 그림처럼 매매가 3억 원의 1991년 준공된 신도시 아파트를 4,000만 원에 매입하고, 2억6,000만 원에 전세를 놓는 경우를 보자.

이때 매매거래 계약에 따라, 계약금 10%인 3,000만 원이 매매계약일에 지출되고, 중도금부터는 전세 계약금이 들어오는 시점에 맞추고, 매매계약의 잔금인 2억4,500만 원 지출은 전세금 잔금 2억800만 원이 들어오는 시점에 맞추는 것이다. 매매거래계약과 전세거래계약의 '잔금' 일자를 맞춤으로써, 전세를 낀 방식으로 주택을 매수하게 된다.

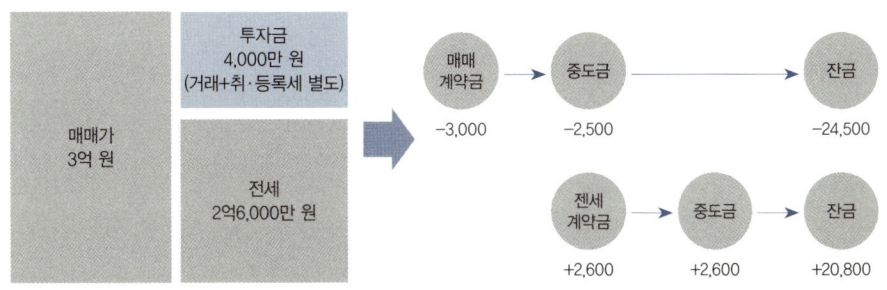

많은 사람이 전세 낀 거래의 핵심이 높은 전세금이라고 생각하는

데, 외려 핵심은 현금흐름을 맞추는 데 있다. 매매거래의 잔금을 내는 날까지 전세계약이 이뤄지지 않는 경우, 이를 올곧이 대출로 충당해야 하고, 대출한도가 주택가격의 70%(LTV 70%)인 만큼, 자기자본 투자금이 많아질 수 있다.

 전세 낀 투자의 위험을 분산(리스크 헤지)하려면 '전세 수요가 충분한 지역'을 찾는 것이 우선이고, 그 이후에야 전세금의 추이를 전망하는 것이 될 테다.

 앞서 무피투자자들의 사례에서 그들은 자기자본을 1,000~2,000만 원 수준까지 낮추고, 전세를 극단적으로 2억8,000만 원~2억9,000만 원으로 높여, 낮은 자기자본을 통해 주택을 다량으로 매입하는 사람들이었다.

 전세를 낀 투자가 증가하면 할수록 전세 공급은 늘어나니까, 해당 지역의 전세공급량이 증가하면서 전세금이 외려 하락할 가능성이 크다. 그러면 자연스럽게 전세가 하락에 따른 자기자본이 많이 들어가니 현금흐름에서 곤란해질 수 있다는 점을 고려해야 한다. 따라서 적당한 자기자본을 확충해서 투자할 것을 권한다(글을 쓰는 현재 일부 신도시가 이런 상태에 있다.).

 전국의 매매가 대비 전세가율이 80%에 육박하는 시대에, 자기자본 20%만 있다면 이런 방식의 전세 낀 투자를 전국 거의 어느 지역에서나 할 수 있다는 점에서, 이 방식은 장점이 있다.

 이런 방식은 이론상 전세가율이 높을수록 무한정 확장할 수 있지만, 반대로 자기자본 비율이 낮아 가격 변화에 극도로 취약해진다. 그래서 너무 과도하게 높은 전세가를 예상하고 현금흐름을 짜지는 마라. 훗날 현금흐름이 맞지 않아 곤혹스러울 수 있다.

주택을 매수하기 위해 중개사들을 활용할 때에도, 높은 전세를 손쉽게 놓을 수 있다는 장담은 믿지 않는 게 좋다. 1기 신도시의 아파트들은 준공연도가 1991~1994년이 대부분이어서 앞으로 재건축까지 가는 데는 많은 절차와 기간이 남아있다. 진정한 장기투자가 될 것을 염두에 두어야 한다.

재건축이 임박한 아파트일수록 매매가와 전세가의 차이는 벌어진다. 왜냐하면, 전세는 현재의 거주가치이고, 매매가는 미래 가치이므로 재건축 임박단지는 매매가 대비 전세가율이 평균을 밑돈다. 이런 주택에 투자하는 것은 대단히 큰 비용이 든다.

재건축 임박 단지 투자는 적정한 자산규모가 확보되어야 가능한 투자라서, 소액투자로는 적합하지는 않다. 다만 안정성 측면에서는 괜찮은 방식이라서 입주 시점이 임박한 새 아파트의 시세가 상승하는 단지 주변의 노후아파트를 대상으로 고려한다면 괜찮은 기회가 올 수도 있다.

중장기적인 관점에서 전세를 낀 투자가 아니라, 만일 본격적으로 재건축이 사업 절차를 밟기 시작한다면 어떻게 투자해야 할까? 정비사업의 본 절차와 절차마다 갖는 리스크(또는 기회)에 대해서는, 다음의 재개발 투자전략을 통해서 살펴보자.

주택 재개발 투자의
정석

소액으로 부동산에 투자해서 비교적 높은 이익을 얻을 수 있는 곳이 바로 재개발이다.

정비사업 절차가 진행 중인 주택 재개발에 투자하는 것은 재건축 예상 단지에 투자하는 것과 비교할 때 약간은 복잡할 수 있다. 그러나 결국 재개발이든 재건축이든, 정비사업의 추진 절차와 어느 단계에서 어떤 리스크가 있는지를 간략히 이해할 수 있다면, 자기계산이 가능해진다. 그다음부터는 투자에 적합할지 아닐지를 구분하는 데 어렵지 않으리라 본다.

주택 재개발 사업의 최초 상태는 주거환경이 열악한 지역에 단독주택(빌라)이 밀집해 있는 것이다. 주로 다세대(세대 구분 등기가 가능한 단독주택)

주택이나, 연립주택, 혹은 단독·다가구주택 등이 존재하고, 임대료는 주거의 질이 낮으므로 아파트와 비교해서 상당히 낮은 수준으로 운영된다.

재건축이든 재개발이든 정비사업은 그 절차가 있고 일견 복잡해 보일 수 있지만, 핵심은 사업 담당 지자체로부터 받는 3건의 '인가'를 중심으로 파악하는 것이다.

가장 빠른 인가 단계가 '조합설립인가'다. 정비사업을 추진할 수 있는 법적 주체이므로 조합설립은 필수고, 이 단계를 위해서 '조합추진위원회'라는 것이 발족한다. 조합추진위원회는 일종의 임시조직과 같은 것이며, 조합이 설립되는 순간 해산된다.

조합설립을 받기 위해서는 도시정비법에서 정한 주민 동의가 필수고, 적정한 동의를 얻지 못하면 조합도 영원히 설립되지 못한다.

두 번째 단계는 '사업시행인가'다. 이 단계는 조합설립 이후 사업방식을 확정 지어서 주택건설 인허가를 받는 것을 말한다. 사업방식은 지분제인지 도급제인지, 일반분양은 몇 호를 하며, 조합원 분양은 몇 호를 하는지, 공공임대주택은 몇 호를 공급하는지 등 실제 분양이 가능한 수준까지 포함된다.

마지막 단계는 '관리처분인가'다. 이 단계를 위해서 조합은 감정평가를 수행하며, 조합원이 갖는 '토지와 건물'의 가치를 각각 추정한다. 이 가치가 확정되면 일반분양가와 조합원 분양가 역시 확정되므로, 사업 손익이 결정되는데 이 단계가 재개발·재건축 사업에서 가장 첨예한 쟁점이 된다.

일단 관리처분인가를 받게 되면 사업에 반대할 때 토지가 조합에 수용되고, 찬성하면 입주권이 발생하므로 사실상 마지막 단계다. 관리처분인가 뒤로는 이주와 철거가 시작되고 곧바로 분양절차에 진입하게 된다. 단지별, 단계별로 더 자세하게 확인하고 싶으면 지자체의 홈페이지를 통해서 해당 권역의 정비사업 단계를 직접 확인하면 된다(서울시는 cleanup.seoul.go.kr에 나와 있다.).

서울에서 미아, 길음 등 강북권 재개발 단지의 경우, 대지지분 25㎡, 예비감정평가(종전 감정평가) 1억 원을 받은 다세대주택 일부를 매매가 1억 5,000만 원에 매입하는 경우를 생각해보자.

이 주택의 입주권을 1억5,000만 원에 매입하고, 전세를 5,000만 원에 놓았다(전세 낀 주택매매 참고). 이 경우 투자 위험과 기회는 어디서 발생하게 될까?

먼저 재개발을 위한 예비 사업계획에서 조합분양과 일반분양의 수 그리고 분양가가 대략 결정된다. 그러면 조합원 분양가와 일반분양가 예비안이 나오는데, 이를 토대로 조합원들의 입주권을 3억 원이라고 하고(조합원은 3억 원에 70㎡를 공급받는 개념), 일반분양권은 4억 원(비조합원은 70㎡를 4억 원에 공급받는 개념)이 됐다고 하자. 그렇다면 조합원인 경우 사업이 준공되는 과정에서 실제 일반분양까지 성공하게 된다면 약 1억 원의 시세차익(4억 원-3억 원)을 기대해 볼 수 있게 된다. 이것이 재개발뿐 아니라 재건축을 포함한 정비사업의 기본 방식이다. 좋은 정비사업일수록 이 차이가 크며, 나쁜 정비사업일수록 이 차이가 적다고 보면 간단하다. 그리고 이 사업의 원가란 조합원 분양가다. 두 가격의 차가 큰 사업은 원가가 낮은 것이다.

리스크부터 찾아보자. 리스크는 크게 두 가지 측면, 즉 가격 측면과 절차 측면에서 발생한다. 먼저 가격 측면의 리스크는 바로 '관리처분' 단계에서 수행하는 감정평가액(종후 감정평가)이 예상을 밑도는 경우다.

위 강북 재개발 사업에서 예비감정평가액인 1억 원은 확정액이 아니며, 훗날 관리처분인가를 위해 본 감정평가를 받았을 때의 가격과 현재의 예비감정평가 가격이 다른 경우다.

예를 들어 최초 조합추진 단계에서는 예비감정평가액이 1억 원이었는데, 관리처분까지 가서 받은 감정평가액이 8,000만 원인 경우, 투자자는 결과적으로 본 감정평가액 8,000만 원에 대해서 7,000만 원의 프리미엄을 주고 산 셈이 된다. 기존보다 2,000만 원 더 비싸게 준 것이다. 그리고 해당 사업은 조합분양가와 일반분양가의 차이가 1억 원이었기 때문에, 예상 투자수익 역시 5,000만 원에서 3,000만 원으로 대폭 감소한다.

또 다른 가격 측면의 리스크는 바로 관리처분인가 이후의 분양 경기와 조합추진위원회 단계의 분양 경기 차이에 따른 리스크다.

조합설립 시점이 아니라 분양 시점인 약 3년 후 분양시장이 침체해서 일반분양가를 확정 짓는 단계에서 일반분양가가 낮아질 가능성이 있다.

위 사례에서 사업 초기에는 분양 경기가 좋아서 일반분양가를 4억 원으로 생각했는데, 훗날 관리처분인가 후 분양 경기 둔화로 미래의 일반분양가가 3억8,000만 원이 될 수 있다. 이 경우에도 역시 투자수익률이 크게 훼손된다.

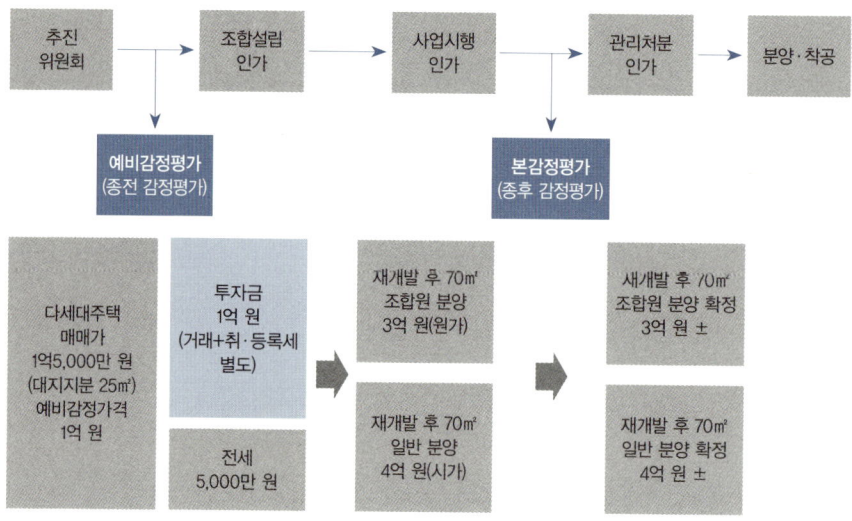

재건축이든 재개발이든, 조합원·일반 분양가가 확정되지 않고, 조합분양 수나 일반분양 수조차 확정되지 않은(사업시행인가 전 단계이므로) 상태에서, 조합추진위원회나 조합설립인가를 받은 단지를 대상으로 투자

할 때는 근본적인 리스크, 즉 가격이 미확정된 리스크에 놓이게 되므로, 해당 사업지에 투자할 때는 이를 항상 살펴야 한다.

보통 재개발 추진위원회 단계에서 공인중개사를 방문해 해당 사업의 일반분양가(즉, 주변 시세)를 문의하면 해당 지역에서 가장 성공한 ○○래미안, ○○자이 등 가장 좋은 가격에 형성 중인 아파트의 시세를 벤치마크로 얘기하는 경우가 많다. 따라서 일반분양가는 곧 주변 시세가 될 것이므로 주변 시세를 4억5,000만 원쯤으로 이해하고, 조합원 분양을 3억 원으로 이해하게 되면 최대 차액이 1억5,000만 원에 달한다고 착각해 선뜻 투자에 나설 수 있다. 예비감정평가 1억 원의 주택을 1억 8,000만 원을 주고서라도 살 수 있을 가능성이 생긴다.

이런 장기투자에서는 가장 낮은 주변 시세를 적용하고, 가장 보수적인 감정평가액(토지가)을 토대로 사업의 손익을 계산해서 투자해야 한다.

만일 그렇게 했는데도 해당 지역의 프리미엄이 예상을 밑도는 수준이라고 판단된다면, 선뜻 매수하는 것이 유리하다. 결국, 서울·경기 등 노후 단독주택 단지 중 구역지정이 된 곳들은 언젠가는 재개발·재건축이 될 가능성이 크다. 서울의 기반시설 부족을 고려하면 이곳들을 버리고 다른 곳을 선택할 땅이 서울시 안에는 없다.

위 사례는 필자가 서울 길음, 미아 뉴타운 일대의 실제 투자사례를 언급한 것이다. 물론 재건축·재개발 등 정비사업은 각 사업추진 단계에서 사업추진이 지연될 가능성(주민의 동의율이 낮거나 사업 방식, 모델이 충분한 설득력을 갖지 못한 상태)이 있다. 이 때문에 재개발·재건축이 원활히 진행되는 주변 지역에서 투자 대상군을 찾는 것이 가장 합리적이다.

절차 측면에서도 리스크가 있다. 재개발·재건축 등 정비사업의 경우 조합설립인가를 위해서는 전체 토지 등 소유자의 75% 이상(3/4 이상), 토지 면적의 1/2 이상에서 토지소유자 동의를 얻어야 한다.

추진위원회 단계부터 잡음이 끼게 되면 원활한 주민동의를 구하기 어려워져 사업이 장기간 표류할 가능성이 생긴다. 이후 사업시행인가나 관리처분인가 단계 전부에서 사업이 지지부진해질 수 있으므로 절차 측면의 리스크는 재개발 투자에서 필연적으로 안고 가야 한다고 보는 게 맘 편하다.

재개발 투자의 정석은 보통 관리처분인가까지 받고 일반분양이 임박한 단지의 조합입주권을 매수하는 것이라고 알려졌다. 이 단계에서라면 절차상 리스크도 없을뿐더러, 관리처분단계의 감정평가 리스크도 사라지고, 말 그대로 일반분양만 남는다. 한데 이런 방식과 신규분양 아파트의 일반분양에 투자하는 것이 과연 무엇이 다를까?

이 정도로 진행된 단지까지 왔다면 비조합원 신규분양권과 조합원 입주권의 가격이 사실상 거의 같은 수준까지 왔을 것이다. 따라서 투자라고 부르기도 모호하다(그런데도 리스크가 낮다는 이유로 투자의 정석 대우를 받는다.).

그렇다면, 재개발 사업 투자의 기회란 무엇일까? 2015년부터 재개발·재건축 사업 등 정비사업의 공공임대주택 의무공급비율이 낮춰지고, 일반분양가를 높일 수 있게 분양가상한제를 해제하고, 일반분양의 수도 증가시켜 사업성을 획기적으로 개선할 수 있는 뉴스테이의 등장으로, 절차 측면의 리스크는 분명히 과거와 비교해서 낮아졌다는 것이 포인트다.

사업시행인가 이전 단계의 재정비 사업들이 더는 뉴스테이를 받아들이는 것을 꺼려하지 않게 됐다. 일반분양 수를 늘림으로써 해당 대지의 가치가 기존 대비 20%가량 상승할 기회를 맞이했다.

그러므로 재개발 투자의 정석인 관리처분 직후를 노리는 것보다는 오히려 사업추진인가 이전 단계의 재개발 대상 사업지를 자세히 분석해서 약간은 중장기 투자를 한다는 각오로 접근하는 것이 기대수익을 더 높일 방법이다.

주식시장에서는 '무릎'에 사서 '어깨'에 판다는 말이 있다. 이를 주택 재개발 사업과 결부시키면, 조합설립인가 직전에 매수하고, 관리처분인가 직전(리스크 확대 국면)에 매각하는 것이 이에 해당할 것이다.

물론 이 기간에 길고 긴 인허가 리스크와 가격 불확실성 역시 안고 가야 하지만, 토지면적이 작은 건축물을 사더라도, 재개발에서는 조합입주권이 발생하므로 이를 고려해서 비교적 사업의 초기 단계부터 소액으로 투자할 수 있어야 한다. 붙는 프리미엄은 결국 다 비슷하다.

주식시장처럼 부동산 시장도 결국 모든 거래는 가격을 가진다. 내가 해당 지역에 남들보다 싸게 산다면 유리해지는 것도 사실이다. 주식도 마찬가지다. 주식을 잘 분석했건 아니건 무조건 싸게 산 투자자가 유리한 것이 모든 금융상품의 기본이다.

그러나 우연히 싸게 사는 기회가 한 번은 올 수 있을지언정, 두 번 세 번 연거푸 오지는 않는다. 자기의 계산이 있어야만 두 번 세 번의 기회가 찾아온다.

계산하는 법을 연마하기 위해서, 투자에 따르는 위험과 기회를 분명히 구분하고 어느 정도까지 감당할 것인지를 결정할 수 있도록 하자.

재개발 사업을 소액부터, 초기 단계부터 진입하는 것은 그래서 대단한 경험을 제공할 것이다.

부동산은 첫째도 발품, 둘째도 발품, 셋째도 발품이라는 시시콜콜한 조언을 하기 전에, 숫자를 기준으로 주택 재개발·재건축 사업의 손익은 투자할 토지의 (1)거래가격과 (2)감정평가액, 그리고 (3)조합분양가와 (4)일반분양가의 4개 숫자로 구성된다는 점을 기억해두자.

이 숫자들을 달달 외고 다녀라. 이 숫자는 책상 앞에서도 알 수 있는 숫자다. 많은 사람이 숫자 이면에 가려진 가치와 위험을 찾기 위해 발품을 판다고 생각한다. 그러나 발품은 저 4개의 숫자를 통해서 얻을 수 있는 가치를 극대화하려고 돌아다니는 것이다.

우리의 투자 손익은 '일반분양가-조합분양가 > (매수거래가격+세금)-감정평가액'일 때 플러스이고, 반대일 때 마이너스가 된다. 사업의 큰 그림을 이해하면 각각의 숫자의 미세한 변화를 오프라인을 통해서 발품을 팔아 확인할 수 있게 될 것이다. 좋은 물건은 결코 네이버부동산이나 온라인 중개거래로 올라오지 않는다.

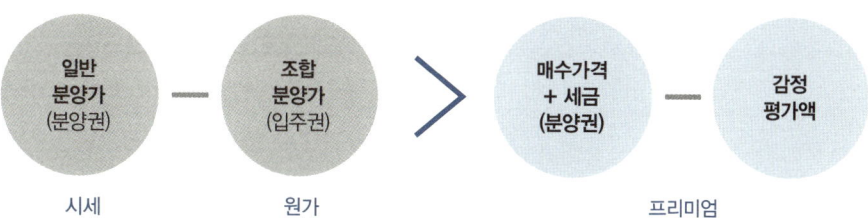

주택 재개발 및 재건축 현황

전국의 재개발구역 수는 총 2,226개(2016년 1분기 말 기준)다. 재개발 사업의 단계는 기본계획과 구역지정, 추진위원회, 조합설립인가, 사업시행인가, 관리처분인가, 그리고 이주·철거의 순서로 구성된다.

기본계획 단계가 총 805개 사업지, 구역지정 단계가 총 530개 사업지로, 초기 단계의 비중이 상당히 높다. 사업이 추진되는 것으로 볼 수 있는 추진위원회 단계는 전체 320개 구역이고, 서울이 86개 구역, 경기도가 67개 구역을 보유하고 있다.

조합설립인가를 받으며 사업에 탄력을 확보한 사업지가 전체 중 267개 조합이다. 이 중 서울이 56개 조합, 경기도 72개 조합이 있고, 인천에 30개 조합, 대구에 27개 조합이 분포돼 있다.

관리처분인가를 받은 곳은 전국 60개 구역이고, 서울 32개, 경기도 5개 구역이다. 부산에 16개의 구역이 있다.

이주·철거단계는 전국 25개 조합, 서울 18개 조합으로 가장 많다. 즉, 재개발 사업 중 곧 분양이 임박한 사업지가 전국 25개 중에 서울에만 18개가 있다는 의미다.

공급 물량이 확정된 전국 108만 재개발 사업지는 서울이 총 32만5,000호, 경기도가 28만8,000호, 인천은 10만7,000호, 부산이 13만6,000호다. 기타 전국 지역은 22만7,000호에 해당한다.

서울의 대표적 광역 정비사업지역은 서울 성북구 장위동 일대 장위재정비촉진지구로 총 2만6,500호를 공급할 계획이다. 신길 재정비촉진지구에서 총 2만 호를 공급하며, 이문·휘경 재정비 촉진지구에서 1만9,500호, 아현재정비 촉진지구에서 1만8,500호를 공급한다.

이 재정비촉진지구들이 서울의 대단지 규모 정비구역인데, 이들 지역은 또 각 하위 구역으로 구분돼 분할 추진하고 있다. 그러므로 재개발 사업지에 투자하려면 현장 확인을 통해서 각 세부지역의 사업단계를 확인하는 것이 필수다.

가령 장위재정비촉진지구는 총 15개 구역으로 구분되어 추진하고 있다. 장위 8, 9, 11, 14구역은 조합설립인가 단계이며, 장위 1, 5구역은 이미 이주·철거를 시작했다. 장위 4, 7, 6, 10구역은 사업시행인가 상태고 장위 15구역과 3구역은 추진위원회 단계다.

경기도에서는 총 16만2,000호가 구역지정이 된 상태로 추진속도가 서울보다 더디다. 경기도의 재개발 사업지와 물량은 광명재정비촉진지구에서 4만3,000호, 능곡재정비촉진지구에서 1만4,500호, 소사재정비촉진지구에서 3만8,000호, 일산재정비촉진지구에서 1만 호, 인창수택재정비촉진지구에서 2만8,000호 등이다. 경기도 역시 지역·구역별 사업추진 단계가 다르기에 현장 답사는 필수다.

부산에서는 서·금사재정비촉진지구에서 총 2만7,000호를, 영도제1재정비촉진지구와 시민공원주변재정비촉진지구 등을 통해 주택이 공급된다.

주택 재건축의 경우 전국에 483개 재건축 조합이 형성되어 있다. 기본계획과 구역지정 조합 수는 각각 111개, 51개로 전체에서 비중이 가장 높다. 추진위원회가 80개 조합, 안전진단이 53개 조합, 조합설립인가가 76개 조합, 사업시행인가가 60개 조합, 관리처분인가가 24개 조합이고 이주·철거단계도 28개 조합이 있다.

지역별로는 전국 483개 조합 중 서울에 163개, 경기도 62개, 부산 79개, 대구 33개, 인천 28개 등 서울뿐 아니라 지방 광역시 역시 재건축이 필요한 노후 아파트 주택을 보유하고 있다.

재건축 건립예정세대수는 총 19만2,000호(2016년 1분기 기준)로 추진위원회가 1만6,000호, 조합설립인가 단계에 3만6,000호, 사업시행인가에 5만5,000호, 기본계획과 구역지정에 1만8,000호, 관리처분인가에 1만 호 수준이다.

이 대목까지 오면 예상되는 질문이 있다. "어느 단지가 제일 좋나요?"일 것이다. 뭐 뻔한 거 아닐까? 필자가 할 수 있는 대답은 하나다.

"가나다 순서로 돌아보세요"

어차피 재개발·재건축 등 정비사업의 본 게임은 2016년 하반기부터 시작이다. 부동산 리츠와 펀드 설립이 활발해지는 때부터 변화가 본격적으로 시작된다. 비교적 변화의 초기라고 할 1년만 시장을 돌아봐도 상당한 투자기회를 찾을 수 있게 될 것이고, 시장을 보는 남다른 눈이 생길 것이다. 혹시 이들 단지를 전전하다가 필자를 만나게 될지도 모르겠다.

주택 재개발 및 재건축 현황

지역	전체 구역서	기본 계획	구역 지정	추진 위원회	안전 진단	조합설립 인가	사업시행 인가	관리처분 계획	이주/철거
전국	483	111	51	80	53	76	60	24	28
서울특별시	163	19	10	25	37	34	21	3	14
경기도	62	5	14	4	5	12	12	5	5
부산광역시	79	32	6	27	1	7	6	0	0
대구광역시	33	0	7	11	1	3	9	1	1
인천광역시	28	2	7	4	4	4	2	3	2
광주광역시	18	12	1	0	1	2	1	1	0
대전광역시	19	5	5	2	1	4	0	0	2
울산광역시	2	0	0	0	0	0	1	1	0
강원도	2	0	0	0	0	1	0	0	1
경상남도	39	24	0	3	2	2	0	7	1
경상북도	13	4	0	2	0	1	4	1	1
전라남도	1	0	0	0	0	0	0	1	0
전라북도	8	3	1	0	0	2	1	1	0
충청남도	10	5	0	0	0	1	3	0	1
충청북도	4	0	0	2	1	1	0	0	0
제주도	2	0	0	0	0	2	0	0	0

Q&A

- **Q1** 미분양이 많다는데 주택 경기가 둔화한다는 증거 아닌가?
- **Q2** 무주택에 월세(전세)를 산다. 한 달 350만 원이 소득이다. 분양하는 아파트가 많은데 분양이라도 받아야 하나?
- **Q3** 위 질문에 이어 일반 단독주택이나 빌라(다세대, 다가구)를 매매하는 것도 길인가?
- **Q4** 지방은 천 명당 주택 수가 평균을 웃돈다고 했다. 그럼 지방 재건축(재개발)을 매매하는 건 피해야 하나?
- **Q5** 2가구(다가구) 임대인(민간)이다. 지금 상태를 유지하는 게 바람직한가?
- **Q6** 앞으로 민간 기업형 임대주택이 들어서면 임대료는 어떻게 책정될 것으로 예상하나?
- **Q7** 전세 대란의 궁극적 해결책은 공공임대주택 건설이라는 주장이 많다. 정책 변화로 임대주택 건설이 활성화하면 이 책 이야기는 물거품이 될 수 있다
- **Q8** 시장이 붕괴하지 않으려면 공급과 수요가 적절해야 한다는 게 시장 원리인데, H신문에서 지적했듯 1차, 2차, 3차 산업혁명이 공황을 물리친 건 인위적인 수요 견인 책이 큰 역할을 했다고 봐야 한다. 만약 주택 시장이 임대시장 특히 기업들이 주도하는 임대시장으로 갔을 때 대부분 국민이 구매력이 떨어져 수요가 사라지면 결국 시장 자체가 붕괴할 위험은 없을까?
- **Q9** 인구 절벽과 관련해서 베이비붐 세대들이 거의 한 채씩 가지고 있는 집이 그들 사후에는 텅 비게 될 것이므로 공급 물량은 자연스럽게 늘어난다는데 그럼 공급이 확 늘어나는 것 아닌가?
- **Q10** 아파트 분양 시 대출받은 뒤 즉시 원리금을 갚아야 할 수 있다. 아파트를 분양받는 건 괜찮은 선택일까? 최근 뉴스 기사에는 집단 대출이라는 수단이 있는데 그것이 분양가를 올리는 꼼수라고 지적하던데.
- **Q11** 과연 한국 부동산 시장에 거품은 있는 걸까? 부동산 시장을 암울하게 전망하거나 부동산 불패 신화를 신봉하는 사람들이 여전히 혼란을 가중한다. 거품이 존재한다면 한국 부동산 시장에서 적당한 가격은 얼마일까?
- **Q12** 서브프라임 모기지론에 의한 미국발 금융위기와 한국의 가계부채발 공황을 자주 비교한다. 한마디로 주택담보대출 등 비중이 크고 대부분 이것이 생계형이라는 데 주목한다. 어떻게 해석하면 좋나?
- **Q13** 일본 부동산 거품 붕괴와 잃어버린 20년이 한국의 부동산 붕괴론을 떠받치는 근거로 삼곤 하는데, 어떤 점이 다른가?
- **Q14** 재건축이나 재개발 시 집주인의 염려 중 하나는 비용 부담이었다. 여윳돈이 없으면 재건축이 엄두가 나지 않는다는 말인데, 이런 위험 부담도 줄어드나?

Q1 미분양이 많다는데 주택 경기가 둔화한다는 증거 아닌가?

A   2016년 2월 기준 전국 미분양 주택은 5만5,000호로 2015년보다 63% 증가했고, 전월 대비 9.3% 감소했다.

미분양은 중장기 트렌드가 중요하다. 2012년 말 7만4,000호에서 2013년 말 6만1,000호, 2014년 말 4만 호로 꾸준히 감소하는 모습을 보여 왔다. 2015년에도 3월 2만8,000호로 저점을 찍고, 이후 완만히 상승했는데, 2015년 하반기에 큰 폭으로 증가하며 6만 호를 넘었고 시장에 우려를 주었다.

이 글을 쓰는 시점엔 5만5,000호에 이른다. 다만 미분양은 악성 미분양이라 할 준공 미분양이 1만 호 내외이고, 이마저도 감소 중이어서 시장 참여자들에게 과거와 같은 우려를 주는 상황은 아니다.

미분양을 포함해서 공실이 79만 호 수준임을 고려하면, 미분양 주택도 공실 일부라고 보았을 때 전국 주택재고의 4% 내외에 해당하는 공실률은 사실상 공급이 팍팍하다는 방증이다. 일례로 일본의 경우에는 전국 주택 6,060만 호 중 820만 호가 공실이고, 비율이 13.5%에 이른다.

물론 미분양이 말 그대로 현재의 주택경기를 대변하는 지표로 인식되는 건 맞다. 투자 관점에서 미분양 증가가 주택경기 둔화, 미분양 감소는 주택경기 호조로 이해돼 실질적 공실 지표 이상의 중요성을 가지게 된 것이 한국의 미분양 추이다.

한국에서 적정 미분양에 대해서는 논쟁이 여전하다. 단 5만

5,000~6만 호의 미분양 수치는 한국의 주택재고량 1,942만 호의 0.3% 수준인 만큼 결코 공실로써 높은 수치는 아니며 2008년 리먼 사태 당시 미분양이 19만 호 정도에 이른 것과 비교하면 여전히 1/3에 불과하다. 이 정도의 미분양분은 수요가 충분히 뒷받침할 수 있다.

오히려 2015년 초 3만 호도 안 되는 미분양은 주택 공급이 지나치게 부족했다는 사실을 증명하는 상황이었다. 최근의 미분양 추세는 공급 증가와 함께 적정한 수준에서 발생하고 있다고 판단한다.

민간 기업형 임대주택의 등장과 함께, 미분양에 대해서 생각할 이슈 중 하나가 바로 '분양'이라는 절차다. 그간 매각 형태의 주택 공급이 지난 50여 년을 지배한 방식이었다면 장기적으로 민간 기업형 임대주택을 정비사업으로 받아들이면서 정비사업에서의 미분양은 많이 감소할 가능성이 크다. 분양이 아예 사라지기 때문이다.

신도시용 택지 공급중단과 함께 2020년을 전후로 한 시점에서 장래 일반분양이 많이 감소한다는 점도, 우리가 미분양이라는 지표를 미래에는 보지 못할 것으로 전망하게 한다.

앞으로도 물론 '공실'은 발생한다. 민간 기업형 임대주택 사업자가 공실 리스크를 안으면서 임대사업을 하므로 개인이 아닌 기업이 공실 부담을 안고 가게 된다는 점이 지금까지와는 다르다.

부동산의 필연적 특징으로 '입지'가 있다. 준공 미분양 혹은 분양 후 미분양 물량의 추세는 결국 주택 공급량에 달려 있긴 하지만, 부동산은 결코 아이폰이나 갤럭시처럼 모바일 제품이 아니며 운송이 되지 않고 땅에 귀속된다는 특징이 있다.

공급이 넘치는 지역의 미분양은 영원히 해소되지 못할 수도 있으며 이는 영원한 공실로 남을 수 있다는 의미가 된다. 반대로 공급이 부족한 지역에서는 공실이 제로에 가깝게 유지될 수 있다.

국내 전체의 미분양 수치에 연연하기보다는 해당 지역을 권역별로 쪼개서 미분양과 공실의 증감 추이를 보고 주택 공급이 과잉인지 아닌지 적절하게 판단하는 게 좋다.

Q2 무주택에 월세(전세)를 산다. 한 달 350만 원이 소득이다. 분양하는 아파트가 많은데 분양이라도 받아야 하나?

A 주택을 구매하겠다는 건 결국 '자가 점유'냐 '임대'로 연결하느냐의 선택 문제다. 그러나 자가 점유 목적이건 임대 목적이건 가격의 하락을 전제로 매수하는 사람은 없을 것이다.

종종 전문가들의 답변인 '실거주할 거면 사시고 아니라면 사지 마세요.' 식의 답변만큼 무의미한 것은 없다. 실거주는 주택가격이 내려도 좋단 말인가?

필자는 개인의 주택매수가 물리적으로 가능한 시점이 약 5년 정도밖에 남지 않았다고 보기에 주택을 살 여력이 있다면 되도록 이 기간 안에 주택을 매수하라고 권장하고 싶다.

물론 미래가 어떻게 될지 지금까지의 정보만으로 전망하는 것은 분명 무리가 있겠으나 5년 후에는 민간 기업형 임대주택의 준공과 신도시 분양절벽이 시장에 동시에 등장하므로, 민간 기업형 임대주택시장이 몰고 올 변화를 더 실질적으로 느끼게 될 것이다.

구도심을 정비하면서 신도시를 추가로 공급할 특별한 이유가 사라진다. 그러므로 구도심 중심의 주택시장에서 일반분양을 받기 어려워지는 것 역시 피부로 느끼게 될 것이다. 2016~2020년 사이에 주택을 살 기회가 왔다면 이를 잡아야 한다. 다만 주택을 매수하겠다고 생각한다면 분양을 통한 분양권만이 능사는 아니다.

미분양 아파트를 매수해서 들어가도 되고(미분양 아파트 입주 시 비교적 좋은 현금흐름 조건을 보장받는다), 혹은 장기 투자관점에서 재개발 대상 사업지의 조합원 지분을 확보하는 것도 좋은 방법이 될 수 있다.

임대를 목적으로 한다고 해도 분양을 받을지, 재고주택을 매입할지, 이도 저도 아니면 직접 시공해서 공급할지 등을 결정해야 하는데, 이 중에 신규 주택 분양은 2015년 4월 이후 분양가 상승 영향으로 주택을 비싸게 살 가능성이 생겼다는 점에서 추천할 만하진 않다.

신규 주택 매입이 아닌 재고주택 매입이라면, 주택 재건축이나 재개발 대상 예정지의 주택을 매입하는 것이 제도상으로는 가장 유리한 방법의 하나다. 이미 재건축이 되고 입주한 지 8~10년이 지나거나 하는 비교적 신규 주택은 대상에서 제외하는 편이 낫다. 지금까지 나온 제도가 거의 재건축·재개발의 사업성을 추가 지원한다고 봐도 무방할 정도인데, 왜 이것이 다 끝난 단지를 사야 하겠는가?

만일 직장 탓에 자가 점유가 어렵다면 본인은 임대해서 살고, 동시에 전세 낀 투자를 통해서라도 주택에 투자해 놓는 편이 낫다. 이때도 재건축·재개발에 투자하는 것이 적합하다.

재건축 아파트들은 특히 1986~1995년 사이에 준공된 노후 아파트들이 투자 대상으로는 제일 적합하다. 이 지역은 도시환경이 양호하므로 재건축이 진행될 확률이 굉장히 높다.

1기 신도시에 지어진 아파트들은 구시가지의 주거환경뿐 아니라 교육을 대체하는 초중등학교도 품고 있어 임차 수요조차 높다. 지하철 등 교통·편의시설도 좋아서 재건축 때 사업가치가 높으므로 '언제 재건축하느냐'를 고민하지 말고 장기투자 대상으로 고려하라.

1기 신도시 전 지역은 매매가 대비 전세가가 높아 자기자본 투자 금액도 매매가격의 15~20% 내외로 드는 경우가 일반적이므로 부담도 낮다. 소액투자로 주택을 살 때 가장 유망한 지역이 1기 신도시 지역이다.

단독주택(빌라)의 경우라면, 본인의 성향을 잘 파악해서 재개발 대상 지역에 투자해 놓는 것도 좋다. 투자방법은 4부에서 소개했다. 자가점유 목적이라면 어느 정도 사업추진 단계를 밟고 있는(조합인가를 받은 단지) 단지를 매수하는 것이 합리적이다.

재개발 사업을 포함한 재건축에서도 마찬가지지만 이들 단지를 투자할 때, 알아야 할 리스크들을 본문에 수록했으니 참고하기 바란다.

Q3 위 질문에 이어 일반 단독주택이나 빌라(다세대, 다가구)를 매매하는 것도 길인가?

A 현재 뉴스테이는 주택시장의 오래된 주인공인 아파트보다도 주택 재개발 사업 및 상업지역을 재개발하는 도시환경사업과 더 시너지를 발휘하고 있다. 물론 정비사업 연계형 뉴스테이가 도입된 지 1년이 안 됐지만, 이 사업은 한국 주택시장의 근간을 바꾸는 방식일 뿐 아니라, 정비사업의 수익성을 당장 20% 이상 높일 방법이다.

단독주택 재개발 대상 지역의 다세대주택, 단독주택을 매입하는 것은 중장기적으로 조합물량을 통해서 자가를 마련하고, 일반분양 물량의 기업매각을 통해서 수익성을 확보할 방안이므로, 충분히 요즘 시점에서 고려해 볼 수 있는 투자다. 재개발 사업의 리스크에 관해서는 본문의 '재개발 투자 원칙'에 쓴 내용을 참고하길 바란다.

정비사업 투자의 핵심 중 하나가 해당 지역의 주택을 소유한 건물 또는 토지 소유주는 1세대당 1주택의 입주권을 보장받는다는 점이다. 이는 해당 지역에 여러 채의 주택을 소유한 사람으로부터 조합설립인가 전에 주택을 매수할 때, 공동입주권이 될 커다란 리스크 항목이어서, 단독주택(다세대, 다가구)류를 매입할 때 반드시 확인해야 한다.

정비사업의 단계별 위험이나 투자기회를 찾는 일은 엉덩이로 하는 절차임에도, 발품부터 파는 경우가 있다. 행정적으로 정비사업의 절차를 충분히 숙지해야 하는 것은 아무리 강조해도 지나침이 없다.

리스크를 효율적으로 관리할 수 있는 상황이라면, 앞으로 정비사업의 꽃은 재건축에다 단독주택이 추가될 것이다. 또한, 2015년 도정법 하위법령 개정을 통해서 정비사업의 공공임대 의무공급비율도 100분의 20에서 100분의 15 중에서 지자체가 고시하는 비중으로 하향조정된 상태라서 수익성도 추가로 보장됐다.

그뿐이 아니다. 부동산 신탁회사에 정비사업의 추진을 완전히 위탁할 수 있게 법규가 개정된 만큼, 아마추어라 할 수 있는 조합이 사업을 직접 추진하는 리스크를 완화하는 방법이 많이 개정됐다.

2016년 하반기부터는 부동산 신탁사의 정비사업 진출도 기대되는데, 이런 변화들이 모두 정비사업의 원활한 추진과 임대주택의 안정적 공급을 위한 것들이다.

뉴스테이 등 최근에 개정된 도시정비법안은 이미 관리처분인가를 받은 단지들에는 해당이 되지 않는다. 이들 단지는 변경사업시행인가를 획득해야 할 것인데, 그러기엔 속도가 느려지는 단점 탓에 기존대로 분양절차를 밟을 가능성이 크다.

단독주택(빌라)이나 다세대주택을 매입하는 것은 주택 구매 목적상 주로 임대 목적에 가깝다고 보인다. 그런데 앞으로 임대시장은 개인끼리 경쟁했던 구도에서, 민간 기업과 민간 개인이 경쟁해야 하는 구도로 바뀐다.

개인이 기업을 대상으로 사업하고 성공하는 분야가 많지 않고, 특히 주택임대 사업에서는 이제 민간 기업의 경쟁력을 마냥 약하게만 볼 수도 없어서, 임대 목적의 다가구·다세대주택 매입이 훗날 목적을 달성하지 못할 가능성도 있다. 단독이나 다세대의 매입은 어디까지나 정비사업과 연계된 방식에서 투자하는 것이 가장 적합하리라 본다.

Q4 지방은 천 명당 주택 수가 평균을 웃돈다고 했다. 그럼 지방 재건축(재개발)을 매매하는 건 피해야 하나?

A 지방에서도 도시(광역시)지역의 인구 천 명당 주택 수는 전국 평균에 부합하는 수준이지, 과도하게 높은 수준은 아니다. 그러나 필자는 서울과 경기도에서 주택 수가 부족한 지 이미 오래고, 주택의 노후화가 가장 심한 지역이라는 점을 고려할 때 서울·경기권역이 지방보다는 투자 대상을 찾는 게 쉽다고 본다.

지방의 경우 주택 노후화 이후에 주택 공급이 원활하지 못해서 신규분양 가격이 크게 상승하며 2008년 이후 침체한 국내 주택시장의 활력소로 알려졌다. 특히 경남이나 부산권역의 주택가격 상승이 돋보였고, 부산의 수영만 일대에는 초고층 주상복합 건물들로 스카이라인이 완전히 새로워졌다.

일각에서는 지방의 부동산 경기가 정점을 찍고 이후 하락하는 것 아니냐는 우려를 하기도 하나, 지방은 지방별로 다르게 봐야 할 것이다.

부동산의 특성은 전국적 특성을 갖는다기보다 지방별 특성과 수급에 따라 움직인다. 한국의 상황은 그간 지방 어느 곳 할 것 없이 부족했던 주택 공급이 노후주택 재건축과 함께 현재 개편 중인 것이다.

무엇보다 지방 재건축 투자에서 중요한 것은 아파트의 연식이다. 재건축 시점이 빨리 도래하는 주택, 만일 같은 시점이라면 단지의 평형대가 비교적 단조롭고 자가 점유율이 낮은 단지 등을 찾는 것이 좋다. 결국, 해당 단지를 직접 산다는 것은 주식을 사는 것과 같아, 다른 모든 국내 주택 경기와 따로 가격 추이를 보일 수 있다는 것을 명심 또 명심하였으면 좋겠다.

Q5 2가구(다가구) 임대인(민간)이다. 지금 상태를 유지하는 게 바람직한가?

A 먼저, 임대 목적의 '개인'이 빛을 보던 시기는 앞으로 다시 오기 어렵다는 결론을 내리고 싶다. 임대사업 목적으로 빌라를 매입하거나, 2가구 이상을 유지하면서 임대를 놓을 이유가 이제 어디에 있는가?

만약 재건축·재개발 아파트나 빌라를 대상으로 2주택을 유지하며, 이것이 사업화될 것을 기다린다면 아주 좋은 투자방법이 되겠지만, 신규주택 2채를 갖고 있으면서 하나는 자가, 하나는 임대를 놓는다면 이는 재고해볼 일이다. 물론 지금이 아니라 앞으로 그렇게 된다는 말이다.

내가 10억짜리 주택을 매입하고 8억에 전세를 놓든, 1억 보증금에 250만 원을 월세로 받든, 왜 임대주택을 개인이 공급할 생각을 하고 있는가? 임대사업이 돈이 된다는 것을 눈치챈, 필자보다 훨씬 낮은 가격에 주택을 수천~수만 호씩 매입한 민간 기업형 임대사업자들이 이제 이 시장에 진출하게 된다. 그 시장에서 그런 기업형 임대사업자와 경쟁하며 차별적인 가격과 서비스를 제공할 자신이 있는가? 공실이 되지 않을 자신이 있는가?

애초에 한국에 주택 공급이 부족하고 주택 매수 주체의 여력이 부족했던 고로 임대시장을 정부가 손 놓으면서 약 40~50년간 기형적인 민간 개인형 임대주택 사업자들만의 천국으로 전환되었다. '임대=쉬운 사업'이라는 사회적 인식이 이렇게 만들어졌다. 많은 사람의 은퇴 후 하고 싶은 일이 건물주(임대 목적)인 경우가 많은데, 임대사업이 그렇게 쉬운 사업인 것은 한국의 특징이지, 결코 세계적 추세가 아니다.

일반화하기는 어렵지만, 2가구 모두를 임대 목적으로 하고 있다면 그 지역이 정비사업 구역인지 아닌지에 따라서 판단이 갈릴 것이다.

먼저, 정비사업이 예상되거나 이미 지역에 포함됐다면 노후 주택일 것이므로 높은 임대료 수익은 불가하지만, 조합 입주권을 확보할 수 있으므로 보유하는 편이 낫다. 그러나 신규 주택에 해당하고 앞으로 민간 기업 임대주택시장과 경쟁해야 한다면 경쟁력을 확보하고 유지한다는 게 마냥 쉽지만은 않을 것이다.

사실 2주택자 이상을 위해서 과거부터 여러 대책이 발표됐다. 한시적 2주택자인 경우 양도소득세 면제라거나, 재건축 단지 내 여러 주택을 소유하고 있을 때 3주택까지 재건축 입주권을 가질 수 있다는 등의 내용이었다. 이런 유의 정책들은 다주택자의 기능을 어느 정도 인정하고 정부가 수혜를 준 것인데, 앞으로 다주택자의 지위는 민간 기업에 이양되면서 수혜 역시 줄어들 가능성이 크다.

만약 2주택이 둘 다 신규주택이고, 쉬워 보이는 임대 목적을 유지하는 것이라면 당장 한 채를 팔라고 권하겠다. 지금 2주택이 아니고 혹은 13~15억 원을 투입해서 방이 10개 이상인 빌라를 매입한 뒤 월세를 받겠다는 생각이라면 앞으로 5년 정도는 괜찮을지 모르겠지만, 2020년부터는 공실 걱정에 잠을 이루지 못할 것이다. 그러니 2주택이 갖는 장점이 유지되는 마지막 5년 안에 중요한 의사판단을 하기 바란다.

앞으로 주택건설이 거의 정점을 이루고, 공급보다는 관리 중심의 시대로 전환하게 된다. 이때 민간 기업과 비교해서 본인의 임대주택이 더 낫다는 확신이 들지 않는다면, 결국 1주택자이면서 자가 점유 상태를 유지할 것을 추천한다.

한국의 기형적인 주택 공급 구조가 2주택자 이상의 부동산 레버리지(차입투자) 투자자를 육성시켰고, 정부는 그동안 뒷짐을 지고 있었다. 앞으로는 뉴스테이를 통해서 민간 개인의 수급을 민간 기업으로 이양하고, 개인 또는 가계대출 역시 기업대출 형태로 전환되게 될 것이다.

Q6 앞으로 민간 기업형 임대주택이 들어서면 임대료는 어떻게 책정될 것으로 예상하나?

A 법률에 기반을 둔 민간 기업형 임대주택 특별법에 해당하는 임대주택들은 임대료를 최초 임대사업자가 마음대로 정할 수 있다. 그리고 연 5% 범위에서 임대료의 증액을 기도할 수 있으므로, 임대료는 빠르게 상승할 것이다. 보증금과 월세의 전환율만 국토부령을 따르게 되어 있다.

한국 최초의 민간 기업형 임대주택인 뉴스테이 도화(LH형)지구의 임대료는 보증금 5,000만 원에 월세 43만 원(전용 59㎡), 보증금 6,500만 원에 월세 55만 원(전용 84㎡)으로 구성되어 있다. 일견 저렴해 보이지만, 약 75㎡형에 월 43만 원이면 연 512만 원이고, 3% 금리로 조달했을 때 1억7,200만 원에 대한 연간 이자와 같다. 보증금 5,000만 원을 합산하면 2억2,200만 원이 되고, 이는 3.3㎡당 888만 원에 해당한다.

전세금을 기준으로 한다면 3.3㎡당 888만 원은 인천시 시세를 고려하면 결코 싼 가격은 아니다. 주택을 매수해볼 수 있는 가격인데 중요한 건 임대주택용으로 공급되었기 때문에 8년의 의무임대 공급 기간이 있다는 것이고, 그래서 장기적으로 거주하는 데는 적합할 수 있다.

그러나 앞으로 우리가 중요하게 고려해야 할 점은 뉴스테이의 임대료와 민간 개인 임대주택의 임대료가 앞으로 더 벌어질 수 있다는 것이다. 왜냐하면, 민간 기업형 임대주택에는 민간 개인 임대주택이 갖지 않는 다양한 서비스를 제공할 수 있기에 그렇다. 이는 곧 임대료 책정 시,

유료서비스를 추가로 제공할 수 있다는 의미다. 앞으로 다양한 유료서비스 등이 개발되고 제공될 것이다. 궁극적으로는 합산 임대료가 상승한다는 의미와 같다.

보육서비스, 가사도우미 서비스, 청소서비스, 임대서비스, 교육서비스, 이동이나 심부름 서비스 등 우리가 상상할 수 있는 거의 모든 신규 서비스들이 기본 아니면 추가 유료로 구분되어 제공될 것이다.

그리고 민간 기업들 특성에 맞는 각종 금융서비스를 제공할 것이라고 보면 된다. 만약 하나금융지주가 서비스하는 민간 기업 임대주택에는 종국에는 하나은행을 주거래은행으로 한다거나, 하나은행 대출이 많은 경우에 임대료를 할인해주는 등의 다양한 복합상품도 제공할 수 있게 된다.

KT가 하게 될 서비스에도 올레 포인트나 KT의 다양한 제품·서비스와 연계된 구성을 하게 만든다는 점에서 민간 기업형 임대주택이 몰고 올 파괴력은 크다. 21세기에 집은 그 자체로 '오래 거주하는 공간'으로서, 플랫폼으로서의 가치를 가지게 되었고, 이러한 점을 민간 기업들이 공략할 것이다.

이런 변화에서 민간 개인형 임대주택만의 장점이란 갈수록 희미해진다. 개인이 제공할 수 없는 서비스가 되레 너무 많다. 결국엔 민간 개인형 임대주택 사업자는 도태될 것으로 판단된다. 임대료가 특별히 더 낮거나 하지 않는 이상 수요자들에게 선택받기 어려워질 것이다.

장래에 임대사업을 고려하는 개인 임대인들은 앞으로 전략적 사고를 해야 할 것으로 본다. 그동안 민간 개인 임대가 천국이던 시절이 이제 얼마나 더 이어질지 모른다. 도배와 장판 수리만으로 임차인이 만족하던 시대가 바뀌었을 때, 임대사업의 어려움을 체감하게 될 것이다. 앞으로 모든 임대사업을 고려하는 사람들은 이 책을 통해 경각심을 갖고, 일본의 임대사업 시장을 연구해보라고 권유하고 싶다.

Q7 전세 대란의 궁극적 해결책은 공공임대주택 건설이라는 주장이 많다. 정책 변화로 임대주택 건설이 활성화하면 이 책 이야기는 물거품이 될 수 있다

A 전세(임대)를 선택하는 이유는 무엇일까? 주택에 대한 수요를 자가(매수)로 해결하거나 아니면 임대를 선택해야 하는 게 한국 주택시장이다. 그리고 임대시장은 공공 비중이 15% 미만이고, 민간 비중이 85%를 넘으며 민간 중 99.8%가 개인이라고 앞서 언급했다. 그런데 이런 구도 속에서 공공임대주택을 건설하면 전세시장이 없어질까?

정부도 공공임대주택의 공급을 늘리기 위해 썼던 방법이 구도심 정비사업에 공공임대 비중을 의무로 넣고 이 비중을 높이는 것이었다. 주택 재개발 사업의 경우, 공공임대 의무공급 비중이 전체 주택의 20%가 된다. 그러나 조합분양-일반분양-공공임대의 3가지 방식이 혼재된 주택 공급체계는 2016년 '휴거(휴먼시아 거지를 지칭하는 신조어로 계층 갈등을 대표하는 말)'를 탄생시켰다.

정부가 전체 임대시장의 13%를 차지하는 공공임대주택을 현재는 사실상 포기했지만(그렇기에 LH형 공공임대주택용 토지도 민간 기업에 매각해서 민간 기업들이 공급하라고 하는 것이다), 훗날 이 카드를 다시 꺼낼 수도 있다. 하나 '공공'이라는 기능은 민간과 경합하기 위해 존재할 때 상당한 시장 왜곡을 낳는다. 이미 보금자리주택 정책이 이를 증명했고, 토지시장에서도 증명됐다.

만일 공공임대주택이 시장성이 없다면 '증세 없는 복지'와 같이 영

원히 존속될 수 없으며 결국 세금이든, 기금이든 다른 재원으로 사용될 예산이 투입되게 된다. 이것이 주택문제를 근본적으로 해결하는 방법일지는 생각할 문제다.

중요하게 고려해야 할 점이 있다. 한국이 현재의 46%에 해당하는 민간임대시장을 완전히 대체하기 위해서 신규택지에 임대주택을 공급하느냐 아니면 구도심에 하느냐를 비교해보는 것이다.

도심은 재개발이나 재건축이나 그 나름대로 역세권역이 많고, 기반시설이 열악하더라도 재개발로 양호하게 개선될 수 있기에 원체 좋은 입지를 충분히 활용할 수 있다. 노후주택을 신축으로 바꾼다는 것도 긍정적이다. 폐차를 한 대도 하지 못하게 한다면 신차를 사겠는가?

그런데 시장 구조를 바꿀 만한 수준의 물량을 신도시에 공급한다면 1) 구도심은 노후화된 채로 버려지므로 토지의 낭비가 발생하고, 2) 신규택지 조성과 주변 인프라 건설 등 주택임대료 이외의 부대비용이 구도심을 정비하는 것보다 높아 사업성이 모자라고, 3) 사업성이 모자란 단지를 지속해서 확대할 때 공공기관이나 지자체 재정에 심각한 위기가 올 수 있다.

구도심을 버려야 할 이유는 어디에도 없으며, 도시가 정상적인 기능을 다 발휘할 때 직장과 주거가 인접하고 자가 점유율이 상승할 수 있다. 이야말로 진정한 의미의 주거복지가 아닐까 싶다.

한국 임대시장의 구조적 불안정은 노후주택의 재정비가 원활히 이뤄지지 않는 것과 개인이 임대시장을 좌우한다는 점 때문에 발생한다. 어떤 방식이건 간에 도심 재정비를 위해서는 정비사업과 연계해야 하고 이 방식은 인센티브를 부여하는 것이 결국 서로 이익이 되는 방식이 될 것이다. 여야를 막론하고 임대시장의 안정화는 달성해야 할 목표이기 때문에, 구도심을 내버려둔 채 신규택지에 임대주택을 공급하는 것이야말로 탁상행정이 될 가능성이 크다.

Q8 시장이 붕괴하지 않으려면 공급과 수요가 적절해야 한다는 게 시장 원리인데, H신문에서 지적했듯 1차, 2차, 3차 산업혁명이 공황을 물리친 건 인위적인 수요 견인 책이 큰 역할을 했다고 봐야 한다. 만약 주택시장이 임대시장 특히 기업들이 주도하는 임대시장으로 갔을 때 대부분 국민이 구매력이 떨어져 수요가 사라지면 결국 시장 자체가 붕괴할 위험은 없을까?

A 주택 수요 편에서 언급했지만, 한국의 세 가지 주택 수요 중 가구(인구), 소득, 멸실 수요는 정상적으로 작동 중이다. 특히 한국에서는 소득 수요의 감소를 유난히 우려하는 경향이 있다. 한국이 소규모 개방경제인 탓에 바다 건너에서 한 기침에 한국이 독감에 걸릴 수 있다는 것은 부동산 시장 종사자들도 위기의 근본 중 하나로 여긴다.

그러나 한국 임대주택시장의 문제를 해결하는 방법에서 멸실 수요가 특별하게 자극되고, 이 자극을 통해서 주택 수요가 자극되므로 한국은 이러한 정책을 경제 불확실의 시기에 더욱 적극적으로 실현하리라 본다.

한국의 주택 수요는 제2차 주택종합계획에서 언급한 연평균 39만 호 기준으로 생각하는 것이 좋겠다. 먼저 가구(인구) 수요가 연평균 19만 호 수준으로 제시됐는데, 가구 수요란 가구 수 분파 등에 따라 물리적으로 증가하는 것으로 '구매력'을 고려하지 않는다. 인구가 증가하거나 가구가 증가할 때 가구(인구) 수요가 발생하는 것인데, 2035년까지 이 수요는 지속해서 늘고, 증가속도만 서서히 둔화한다는 특징을 가진다.

최근 리터루(리턴+캥거루로 부모의 집에 다시 돌아와 사는 자녀세대를 의미)족의 등장으로 세대합산이 화두인데, 세대합산보다 분리의 수가 더 많으며, 가구 수는 매년 조사 때마다 통계청의 추계를 웃도는 수준으로 올라간다는 점을 언급하고 싶다.

둘째 주택 수요는 소득 수요인데, 소득 수요는 금리 인하 등 주거비용의 감소로 주택 구매에 대한 니즈가 상승하는 것, 또는 경제성장률 상승이 소득 상승으로 이어져 새집에 대한 구매력이 높아지는 것을 의미한다.

한국의 연평균 소득 수요는 13만 호 수준으로 제시되며, 경기·금리수준·환율 등에 따라서 다소 등락이 있다. 만약 한국경제를 부정적으로 본다면 소득 수요의 급감을 언급할 수 있지만, 일반적으로는 매년 약간의 감소는 있을지언정 급감을 예상하지는 않는다.

마지막 주택 수요는 멸실 수요로, 이는 점유한 주택이 정비사업 등을 이유로 소멸할 때, 해당 점유자를 위한 신규주택이 필요하다는 의미다. 연평균 약 7만 호 수준에서 제시됐다.

그런데 재건축·재개발 사업 활성화로 멸실시장이 급성장하기 시작했고, 2014년 3만9,000호의 재건축·재개발 분양 물량이 2015년 7만1,000호로 증가하고, 2016년에는 10만8,000호 이상이 될 것으로 예상함에 따라 멸실 수요가 연평균 최소 3만 호 수준으로 증가하고 있는 것이 한국 주택 수요의 변화다.

그렇다면 '구매력'의 관점에서 앞으로 '분양'형 주택을 공급하는 것이 적합한지 아닌지를 생각할 필요가 있다. 이 책의 1부에서 국민의 주택 구매력이 떨어졌을 때도 주택에 대한 수요가 지속해서 창출되고 있다면(가구+멸실), 그들을 위한 임대주택을 누가 공급해야 하느냐가 모든 나라의 쟁점이라는 것을 언급한 적이 있다.

유럽처럼 공공임대 비중을 임대시장의 60~70%로 상향시키는 대책을 펼 수도 있겠지만, 이미 토지 사유화와 구도심 주택 공급이 충분히 이뤄진 상태에서 이를 전부 버리고 새로운 도시를 만들어서 이전하는 것만큼 사회적 낭비가 없을 거라는 덴 다수가 공감한다.

임대주택시장에 대한 이슈는 모든 나라의 문제다. 구매력이 떨어질수록 임대주택을 공급해야만 무주택자가 양산되지 않는다. 그렇기에 '임대'는 미래에 더 크게 다가올 문제다. 왜냐하면, 주택의 3대 수요 중 소득 수요가 장래에는 감소할 것으로 예상하기 때문이다. 소득 수요는 경제성장, 가처분소득 증가, 그리고 거주비용 감소 등을 통해서 만들어진다. 또 이 수요는 실제 주택 구매로 연결될 가능성이 가장 크다. 그러나 미래로 갈수록 한국의 경제성장률 정체와 장기 저성장이 지속(곧 소득 수요 감소)할 것으로 예견되는 만큼, 임대주택 공급이 증가할 필요성이 커진다.

장기 저성장과 임대주택 공급 증가는 결국 같은 연장 선상에 있으므로 주거의 분배와 복지를 논의하려면 단순히 임대주택 공급 확대만을 쟁점으로 삼을 게 아니라 소득 수요의 감소를 어떻게 막을 것이냐의 문제부터 해결해야 한다. 그런데 과연 현재 임대시장에 대한 논의는 어디에 초점이 맞춰져 있느냐 하면 '임대주택 공급 확대'다.

나라마다 임대주택에 대한 문제를 다르게 해결하고 있으며, 한국은 지난 50년간 '민간 개인'이 중심이 된 채 임대시장을 제공했고, 이 과정에서 착한 사마리아인이 양성되길 바랐다. 그러나 동시에 무피 투자자들도 함께 양성해 왔다고 필자는 지적하고 있다.

어느 나라에서도 모든 주택의 자가 점유율 100%를 달성하지 못했다. 어떤 주체가 결국 임대용 주택을 공급하게 될 것이다. 그것이 '민간 개인'이 좋을지, '민간 기업'이 좋을지, '공공기업'이 좋을지를 판단해야 하고 이제 민간 개인 중심을 떠나 민간 기업 중심으로 전환을 예고하고 있을 뿐이다.

공공기업의 주택 공급 역시 한 방법은 되겠지만, 중요한 건 사업성이 없다면 퍼주기식이 되어 모든 국민이 피해를 보게 되며, 만약 사업성이 있다면 그것은 이미 공공주택답지 않은 것으로 다수의 민간이 참여하는 시장을 형성하게 된다는 것이다.

세상에 공짜점심은 없다. 국민연금을 써서 저렴한 임대주택을 공급한다면 다른 임대주택에 살지 않는 국민이 지갑을 뒤져서 임대주택에 사는 사람에게 제공하는 형태가 된다. 그러니 이를 위해서는 전국적인 공감대가 필요할 것인데, 이런 공짜점심은 없다고 생각하는 게 마음 편할 것이다. 결국, 시장에서 소화되지 않는 상품의 무리한 공급은 시장 왜곡으로 연결된다.

Q9 인구 절벽과 관련해서 베이비붐 세대들이 거의 한 채씩 가지고 있는 집이 그들 사후에는 텅 비게 될 것이므로 공급 물량은 자연스럽게 늘어난다는데 그럼 공급이 확 늘어나는 것 아닌가?

A '호모 헌드레드'라는 말이 있다. 100세를 사는 인간을 지칭하는 말이다. 그런데 주택은 몇 년을 살까?

한국에서는 공동주택인 아파트가 겨우 40년 수명을 보장받았다가, 이제는 30년으로 단축됐다. 물론 30년이 지나면 무조건 재건축해야 한다는 말은 아니나, 최소한 재건축할 수 있게 법이 보장한다는 것은 법정수명이 30년이라는 것과 다를 바 없다. 이 얘기인즉슨, 한국에서 40세에 주택을 구매했다 하더라도, 100세가 될 때까지 최소 2번의 주택 멸실에 의한 이사는 필수라는 뜻이다. 주택 수명이 30년이기 때문에 그렇다.

그런데 왜 호모 헌드레드들은 30년 수명의 주택 멸실보다 인구수 감소가 더 빠를 것을 염려해야 하는가? 콘크리트가 인간보다 더 오래 살 것 같지만, 실제는 인간이 더 오래 산다는 것을 염두에 두자.

인구 감소를 우려하는 사람은 많이 보이지만, 주택 멸실을 우려하는 사람은 당췌 보질 못했다. 간단한 산수만 해도 될 이 문제에서 베이비붐 세대들이 집보다 더 오래 산다는 것을 안다면 어느 쪽의 공급을 걱정해야 할지 답은 정해져 있다.

주택 수명이 인간보다 더 짧다는 사실을 생각한다면 베이비붐 세대들이 은퇴하고 혹은 은퇴 후 사후까지도 그들이 사는 주택이 노후화와 갱신을 한두 번 정도 거쳐야 함을 생각할 필요가 있다.

둘째로 베이비붐 세대들의 자산구조 중 부동산 비중이 높다는 수치를 언급하며 다른 국가에서는 부동산이 아닌 금융상품 비중이 높다고 언급하는 전문가들도 있는데, 한국 주택이 앞으로 뉴스테이든 담보대출 형태든 주택연금 형태든 유동화된다면 말 그대로 금융상품을 가지는 것이나 다름없게 된다.

기초자산이 부동산이지만 이를 토대로 금융상품을 만들 수 있는 것이 한국의 자본시장법이고 전 세계가 같다. 주택을 단순히 소유한다 아니다를 떠나서, 주택을 구매한 사람들은 자가 점유의 혜택을 누리다가, 결국 주택저당증권이나 주택연금 등의 상품가입을 통해서 은퇴 후에도 자녀들에게 싫은 소리 안 하고 국민연금 이외에 주택연금을 배당받고 살 수 있게 될 것이다.

최근에 정부가 주택연금 3종 세트를 발표하며, 이러한 생각을 더욱 뒷받침하고 있다. 기초자산이 부동산인지 아닌지를 고민하지 마라. 어떤 자산이든 결국 유동화가 되며 또 주택이라는 기초자산은 호모 헌드레드의 일생 중 최소 3번의 출생과 사망을 겪게 된다.

한편, 먼 훗날 한국의 세대수가 최초로 감소하는 시즌(아마 시기적으로 2040년 이후가 될 것으로 예상)에 진입했을 때를 예상한다면, 그때는 고밀도 주택이 저밀도화되는 역과정을 거치게 될 것이다.

프랑스에서 공공임대주택의 건설 이후, 공실이 높아지고 재건축할 이슈가 발생했을 때, 슬럼화를 방지하기 위해서 고층 고밀 주택을 저층 저밀 주택으로 바꾸고 녹지를 공급하는 형태로 주택 수급을 맞추는 작업을 1990년대부터 꾸준히 수행해 왔다.

도심지에 고층아파트가 저층으로 바뀌면서 녹지를 공급하는 방식이 선진국의 일부 도시에서 녹지를 확충하는 방법의 하나였다.

한국도 아주 먼 미래에, 주택의 용적률을 다 채울 필요가 없어지는 단지들이 나오면서 녹지율을 높이는 방식의 정비사업이 진행될 수도 있을 것으로 판단한다.

Q10 아파트 분양 시 대출받은 뒤 즉시 원리금을 갚아야 할 수 있다. 아파트를 분양받는 건 괜찮은 선택일까? 최근 뉴스 기사에는 집단 대출이라는 수단이 있는데 그것이 분양가를 올리는 꼼수라고 지적하던데.

A 투자든 자가 점유가 목적이든, 아파트를 분양받겠다고 결정한다면 되도록 낮은 분양가 또는 직장과 인접했거나 서울과 1기 신도시 중심의 분양만을 추천한다.

현재 공급되는 아파트들은 모두 용적률을 재건축을 통해서 법정 최대 수준에 근접해서 확보했거나, 혹은 신도시에 공급하는 아파트의 경우에도 용적률이 최대한 높아진 상태여서 미래에 주택의 노후화가 되더라도 다시 한 번 재건축이 되기 어렵다는 점을 고려해야 하기 때문이다.

물론 최근에 분양 이후 초기에 신축 아파트 프리미엄이 유지되는 점을 보았을 때, 당분간 가격 강세나 전체 자산시장 상승에 동조할 가능성은 있겠지만, 2015년 4월 이후 분양한 아파트들의 분양가가 원래 계획 대비 5~10% 높은 수준에서 결정됐다는 점을 고려해보면, 이미 분양 시점부터 높은 가격에 매수할 가능성이 커졌다. 그래서 2015년 4월 이후의 분양 물량에 대해서는 이러한 점을 충분히 숙지하고 분양을 받아야 할 것으로 본다.

집단대출에 대해서는 공동주택만의 특징이 있다. 먼저 공동주택은 분양받은 개인이 주택이 건설되는 동안 중도금 대출을 개인 명의가 아니라, 주택 공급자(시행법인) 명의로 하게 된다. 그리고 주택이 준공되고 개인이 잔금을 치르게 되면 권리관계가 넘어가고 각 개인에게 대출이 이전하는데, 공동주택 공사의 약 3년 동안 중도금 대출을 개인 명의로 하지 않다 보니, 이를 편법으로 활용하기도 한다고 보는 것이다. 그러나 이는 편법이 아니다.

준공 중인 주택의 대출을 잔금을 치르지 않은 개인에게 귀속시킬 때 어떤 일이 생길까? 주택의 소유권이 넘어오지 않은 상태에서 분양을 받았다는 이유로 중도금 대출을 개인 명의로 한다는 것은 주택사업이 착공 중 미분양이 크거나, 시공사 부도 등 다른 이유로 장기 지연되는 일이 발생했을 때 대출받은 개인의 보호가 어려워지는 일을 초래할 수 있다.

개인은 준공이 승인 나지 않아서 등기하지 못한 상태이므로 권리관계에서 보호받지 못할 가능성이 생긴다. 그래서 주택분양이란 시행사, 금융사, 건설사, 분양자 간 다양한 금전 관계와 권리관계가 오가는 거래의 특성을 갖고, 이 거래에서 개인이 위험을 부담하게 하는 것이 훌륭한 제도는 아니다.

한국은 최근에도 주택시행사가 사업을 신탁사에 위탁해서 하는 경우에도 분양사기가 판을 친다. 그 시행사의 임직원을 사칭하거나 실제 임직원이 다른 개인에게 할인분양을 미끼로 접근한다.

"내가 시행사 사장(혹은 아는 사이)인데 사업은 신탁을 맡겼지만, 내 재량으로 싸게 분양 가능한 물건이 있다. 그래서 이 계좌로 입금하면 할인분양을 받게 해 드리겠다"며 접근하는 것이다. 그렇게 다수의 사람에게서 분양대금을 본인 계좌로 넣도록 하고 해외로 도피하는 경우도 왕왕 발생하고 있다. 그래서 분양을 둘러싼 금전, 권리관계의 정확한 흐름을 파악하는 일 역시 주택을 분양받기 위해서 반드시 준비해야 한다.

2016년 2월부터 시행한 가계부채 심사강화 방안으로 주택담보대출의 원리금 상황 방식이나 고정금리 대출방식을 은행권에서 유도하고 있는 것은 사실이다. 이는 훗날 한국이 금리를 상승시켜야 할 상황이 왔을 때(경기 호황), 혹은 그 반대로 주택가격이 다소 하락했을 때 주택담보대출의 건전성을 확보하려고 금융권이 내린 조치다.

정부가 계획한 2017년 기준 고정금리나 원금상환방식 대출의 비중이 35%에서 40%로 높아진 상황이어서 2016년 대출시장에 이런 변화가 반영 중이다.

5억 원 주택에 3억 원의 대출을 기준으로 한다면, 전체 주택담보대출 시장을 약 600조 원으로 보았을 때 5%포인트는 총 30조 원에 해당한다. 주택 수로는 3억 원 대출금이 10만 호가량 적용대상이며 이는 연평균 분양 물량의 1/4 수준에 해당해서 1년을 넘기지 않고도 해소할 수 있을 것이다.

이런 금융대책은 법률에 기반을 두지 않은 것이기에 지속성이 짧을뿐더러, 경제 상황에 따라서 얼마든지 반대로 작용할 수가 있다는 점을 인식할 필요가 있다. 한시적 금융대책이 장기화할 가능성은 작기에, 금융대책의 변화를 중요한 시장의 변화로 바라보지 않았으면 한다.

Q11 과연 한국 부동산 시장에 거품은 있는 걸까? 부동산 시장을 암울하게 전망하거나 부동산 불패 신화를 신봉하는 사람들이 여전히 혼란을 가중한다. 거품이 존재한다면 한국 부동산 시장에서 적당한 가격은 얼마일까?

A 거품이 있다, 없다를 얘기하는 것은 대단히 어려운 일이다. 하나 부동산뿐 아니라 모든 자산가격은 해당 국가의 잠재성장률 수준에서 가격 변화가 이뤄지리라는 게 합리적이다.

한국의 주택시장이 잠재성장률을 웃돈 채 지속해서 성장하지 못했기 때문에 가격에 거품이 있다고 판단하기는 어렵다. 반면, 남부 유럽이나 일본 등 거품이 존재했다가 붕괴한 나라들의 특징은 주택가격이 성장률을 웃돌며 오랜 기간 가격이 상승했다는 특징이 있다. 물론 모든 자산이 성장률에 수렴해야 하는 것은 아니지만, 토지가치란 결국 성장률에 좌우되므로 이를 기반으로 거품과 거품이 아닌 것을 구분할 수 있으리라 본다(토지단일세 개념을 떠올려 보라.).

많은 사람이 한국의 자산가격 거품으로 언급하는 지표 중 하나가 PIR(소득 대비 가격비율, Price to Income Ratio)이다. 한국의 3분위 소득(소득 상위 40~60%)과 3분위 주택의 PIR이 전국 기준 5~6 사이를 유지하고 있고, 서울은 9~10 사이를 유지하고 있다. 중국의 경우 도시를 정치, 경제 발달 정도에 따라 1~3선 도시로 구분하는데 그 중 1선 도시인 상해, 북경, 천진 등은 30~40의 PIR을 유지하고 있으며 다른 나라의 주요 대도시들도 PIR이 극히 높다.

한국 역시 1980년대에 PIR이 30에 육박할 정도로 높았다. 경제와 소득이 함께 성장하면서 이 수치는 지속해서 낮아지고 있다는 점에서 한국의 소득 대비 주택가격은 글로벌 수준에서나 역사적 관점에서 보았을 때 전혀 거품이라 할 수 없는 수준이다.

　　부동산뿐 아니라 주식도 적정가치를 산정하는 방법으로 절대가치 추정법, 상대가치 추정법, 그리고 원가법의 3가지 방식이 있다. 절대가치 추정법은 부동산 등이 발생시킬 미래 현금흐름을 이자율로 할인하는 방식의 계산으로 채권가치를 계산할 때 사용한다. 임대용 주택의 가치산정을 이런 방식으로 할 수도 있을 것이다. 아니면 재건축 후의 면적과 시세를 고려한 주택가격을 이자율로 할인해도 될 것이다.

　　두 번째 방식은 상대가치 추정법으로 주변의 시세를 고려해 가치를 평가하는 방식이며 부동산에서 많이 사용된다. 부동산은 그 자체적 특성으로 입지가 있는데 이는 '위치'가 주는 가치이고, 어떤 의미로 부동산의 특성에 가장 잘 부합한다고 할 것이다.

　　마지막 가치는 바로 '원가법'으로 계산한 것인데, 이 원가란 것이 바로 토지가치와 건축비를 더한 것이다. 신도시 등의 택지를 공급할 때 사용한다. 이 방법 역시 토지의 본질적 특성인 '위치'를 갖게 되기에, 곧바로 상대가치에 수렴하게 된다.

　　한국 주택시장에 거품이 끼었다, 아니다는 아마 영원한 떡밥일 것이다. 누군가는 지속해서 거품을 주장하고 누군가는 아니라고 할 것이다. 중요한 건 이런 거품 논쟁에 사로잡히는 것보다(3가지 방식의 평가가치에 대해서 서로 논쟁하는 것)보다, 지금의 상태가 어떻게 변화하고 있는지 시장의 변화를 조망하는 편이 훨씬 효과적이다.

컵에 물이 반이 있을 때 반이나 있다는 것과 반밖에 없다는 평가가 적절해지려면 그 물이 마시는 상황인지 비우는 상황인지 먼저 파악되어야 한다. 그러니, 지금 상태보다 '변화'에 주목하고 변화에 집중하라. 한국 주택시장은 역사상 처음 존재하는 민간 기업형 임대주택의 등장과 함께 변화하고 있다(지금까지는 한국 부동산 시장에 버블은 없다는 게 금융투자업계의 컨센서스이고 필자도 이에 동의한다.).

Q12 서브프라임 모기지론에 의한 미국발 금융위기와 한국의 가계부채발 공황을 자주 비교한다. 한마디로 주택담보대출 등 비중이 크고 대부분 이것이 생계형이라는 데 주목한다. 어떻게 해석하면 좋나?

A 미국 주택시장의 붕괴는 전 세계 투자자들에게 공황을 몰고 온 이벤트였고, 세계적 사건이어서 한국 주택시장 투자자들도 반드시 이의 발생 과정과 결과를 제대로 알아두는 것이 좋을 것 같다. 이와 관련한 영화가 2016년 개봉되었는데 제목은 '빅숏'이다.

금융인들이 경제위기와 관련해서 종종 보는 영화는 '마진콜'이었고, 이번에 '빅숏'이 추가되면서 금융업계에 종사하는 사람들에게 부동산 시장을 어떻게 대해 왔고, 이 시장에 어떤 플레이어들이 있는지 확인하는 계기가 됐다. 책으로도 나왔으니 시간을 내서 읽어볼 것을 권한다.

영화 빅숏에서 당시 미국의 주택담보대출은, 1개 주택에 2건 이상의 대출이 존재하는 황당한 상황이 연출되기도 했다. 2000년대의 저금리 기조와 경제호황으로 주택가격이 지속해서 상승했기 때문에 LTV(주택담보비율)가 110%를 넘는 대출도 수반되며 거품이 형성됐다.

110% LTV로 대출이 발생한 것은 2년 후 어차피 주택가격이 이보다 더 오를 것이므로, 미래에는 90% LTV 수준으로 내려가 있을 것으로 판단한 결과물이었다.

이뿐만이 아니다. 주택담보대출을 유동화해 위험을 분산하려고 했던 은행들의 수요에 맞춰 증권사들이 주택모기지담보증권인 CDO(부채

담보부증권)를 만들어 냈고, 개별 주택담보대출을 합성한 상품들이 유동화되기 시작했다. 여기까지도 기초자산 이상의 시장은 아니었지만, 이 CDO를 기초로 하는 합성 CDO가 나오기 시작하면서 주택담보대출의 파생상품이 본격적으로 열리게 된다.

훗날 합성 CDO는 주택담보대출의 기초자산인 주택시장보다도 더 규모가 커졌고, 이는 곧바로 주택시장의 침체와 함께 거품 붕괴로 연결됐다.

리먼 사태가 벌어진 이유나 영향에 대해서는 정말 많은 책과 자료들이 있지만, 핵심은 '주택' 그 자체보다 더 큰 파생시장이 존재했다는 점이다. 인간의 탐욕이 낳은 결과였다. 미국 부동산발 금융위기는 브레이크가 없는 탐욕열차가 어디에 종착하는지를 잘 알려준 사건이라고 본다.

한국의 가계대출을 위시해서 많은 사람이 걱정하고 있긴 하지만, 한국의 대출체계는 LTV가 60~70%로 엄격히 제한된다. 이는 기초자산의 60~70% 수준에서 금융상품이 존재한다는 것이다. 한국도 모기지담보부증권처럼 유동화 시장이 열려있기는 하지만, 연평균 30~40조원으로 시장규모가 아직은 현저히 작고, 관련된 파생상품은 개발조차 되지 못했다.

LTV가 도입되면서 구조적으로 미국과 같은 90~100%의 대출을 일으킬 수 없기에, 대출의 건전성은 높은 편이다. 이것이 다수 언론이 가계대출의 총량이 문제라 지적하더라도, 금융업계에서는 지속해서 구조상 위험하지 않다고 주장하는 근거다. 가격이 30% 이상 하락하지 않는 이상 주택담보대출이 디폴트 날 가능성은 극히 작다.

　오히려 대출시장의 불안정한 부문은 가계대출이라기보다 생계형 대출이라고 할 개인사업자 대출인 소호(SOHO:Small Office Home Office, 무점포) 대출이 꼽힌다. 자영업 10곳 중 서너 군데가 음식, 숙박 등 경기민감업종인 탓이다. 훗날 외국발 경기둔화가 왔을 때 소호대출이 부실화할 수 있어 이 시장은 확장과 함께 보완이 필요하다.

　전체 가계부채 중에서 사업자대출 부문이 위험한 것과 부동산 대출 부문이 위험한 것은 전혀 별개의 이슈다. 언론은 가계부채의 핵심 문제가 부동산 대출이라고 종종 주장하지만, 금융업계에서 바라볼 때는 영세사업자용 대출 부문이 가장 불안정하다.

　가계부채에서 주택담보대출을 우려하는 것은 다른 대출과 비교할 때, 주택에 대한 과도한 악의적 접근이 아닐까 싶다.

Q13 일본 부동산 거품 붕괴와 잃어버린 20년이 한국의 부동산 붕괴론을 떠받치는 근거로 삼곤 하는데, 어떤 점이 다른가?

A 일본은 한국의 15~20년 후 모습으로 거의 전 산업 분야에서 비교되곤 한다. 부동산 시장에서도 마찬가지로, 일본식 장기침체가 한국에도 올 수 있다고 믿는 건 시장에서 상당히 견고하게 자리 잡았다.

일본의 부동산 거품붕괴는 여러 가지 요소가 작용한 결과다. 기본적으로 내수경제인 일본이 1985년 프라자 합의로 엔화가치가 급등하자 경쟁국인 미국의 달러화가 약세로 전환돼 미국의 수출이 부활하고 미국의 해외채무 부담이 대거 줄었다.

반면, 달러보다 가치가 높아진 엔화는 일본 경제에 그대로 직격탄을 날리게 됐다. 이런 경제위기를 벗어나려고 일본이 수차례의 부동산 부양책을 사용했으나 근본적으로 엔화의 인위적 강세가 유지되는 상황에서 부양책은 작동하지 못했다.

일본 부동산 시장을 현재의 관점에서 볼 때 많은 사람이 잘 모르는 것이 주택의 공급이 과도했다는 점이다. 820만 공실, 전체의 13.5%에 해당하는 높은 공실률(2013년 기준)이 유지될 동안 주택을 왜 공급한 것인지에 대한 의문이다. 이는 일본의 기업형 임대주택 사업자들이 택지가격 하락기에 공급을 쏟아낸 데 원인이 있다.

둘째 일본 경제와 한국 경제를 비교할 때 가장 혼동하는 것이 바로 경제구조의 차이다. 일본은 전형적인 내수 중심 경제이며, GDP에서 수출입이 차지하는 비중이 30%에 불과하나, 한국은 전형적인 수출 중심 경제이고 GDP에서 수출입이 차지하는 비중이 110%를 넘는다.

한국은 글로벌 시장에서 물가상승이 발생하는 조건이라면 인플레이션을 수입한다. 인플레이션을 수입한다는 의미는 글로벌상품가격이 2% 올랐다면, 한국의 수입이 경제에서 차지하는 비중이 50%대이므로, 2% 오른 상품이 한국에 수입되고 그 결과 한국의 상품가격도 오르는 효과가 나타난다는 것이다. 한국과 같은 대외경제 의존도가 높은 나라에서는 거의 공통적인 현상이다.

그러나 일본은 내수 경제의 비중이 극히 높아서, 내수가 침체하면 수입 물가가 상승한다 하더라도 전체 자산시장 가격은 마이너스로 전환할 수 있다. 수입의 비중이 15%이고, 2% 가격이 올랐다면 시장 전체의 가격 상승 압력은 0.3%(15%×2%)가 된다. 그러나 내수 비중이 70%이고, 내수시장 침체로 가격이 2% 내렸다면 물가하락 압력은 1.4%(70%×2%)가 된다. 둘을 합산하면 +0.3%-1.4%=-1.1%이므로 이 경우라면 전체 시장의 가격 하락이 발생할 수 있다. 즉, 내수시장이 큰 경우에 내수시장 침체는 전체 상품시장의 가격하락으로 연결될 수 있고 일본이 바로 이러한 상황이다. 이 때문에 일본과 한국의 경제구조가 서로 다른 상황에서 단순히 일본을 한국 미래의 벤치마크로 생각하는 것은 대단히 위험한 발상이라 하겠다.

주택에서도 일본과 한국의 주택시장은 무척 큰 차이점을 지닌다. 먼저 수요 측면에서 일본은 현재 멸실 수요가 가장 큰 주택 수요를 차지하지만, 한국은 가구(인구) 수요가 가장 큰 수요로 작동하고 있다.

　일본도 도시화 진행과 가구 수 분파로 가구(인구) 수요는 발생 중이나 전체 수요에서 차지하는 비중이 극히 낮다. 이와는 달리 한국은 주택 수요의 약 절반가량이 가구(인구) 수요에서 오는 수준이어서 주택 수요가 짙은 편에 속한다고 하겠다.

　일본의 임대주택시장 역시 민간 개인보다는 민간 기업 중심으로 형성되어 있다는 점도 한국과 본질에서 다른 부분이다.

　만일 한국이 일본식 장기침체를 따라간다면 주택 수요 중에서 소득 수요가 많이 감소하게 될 것이다. 그러나 소득 수요는 줄어들어도, 한국이 재건축·재개발을 통해서 멸실 수요를 자극하고, 아직은 낮은 공실률과 높은 가구(인구) 수요가 밑받침된다는 측면에서 봤을 때 일본식 경기 침체를 한국 기준에 들이대는 것은 곤란하다.

　한국은 제2차 주택종합계획에서 연평균 39만 호의 수요를 예측했다. 1표준편차당 5만9,000호의 주택 수요 차이를 고려했는데, 이 차이는 바로 재건축·재개발 등 멸실 수요의 증감이나 소득 수요의 증감(곧, 경기 측면)일 것으로 보았다.

　경제가 지속해서 경착륙하지 않는 이상, 소득 수요의 감소보다는 연평균 4~5만 호 이상 증가하는 멸실 수요의 증가가 주택 수요에서 더 크게 작용한다는 것을 고려한다면, 왜 현재 경기가 다소 불황인데도 주택 수요가 꾸준히 발생하는지 이해할 수 있으리라 본다.

Q14 재건축이나 재개발 시 집주인의 염려 중 하나는 비용 부담이었다. 여윳돈이 없으면 재건축이 엄두가 나지 않는다는 말인데, 이런 위험 부담도 줄어드나?

A   재건축·재개발 같은 정비사업은 결국 총 분양매출(분양면적×분양가격)이 높고, 분양원가라 할 공사비나 다른 금융비용 등이 적게 들어가야 사업성이 높고, 조합의 부담금이 낮아진다.

특정 재건축 단지가 조합의 부담금이 문제인 경우, 해당 단지가 사업을 추진할 가능성은 극히 작다. 낮은 사업성을 높이는 데 필요한 것은 분양면적을 늘리거나, 분양가를 높이는 방법인데, 주변 시세를 무시하는 높은 분양가는 반대급부로 미분양이 날 가능성을 크고, 분양면적은 용적률에 의해서 결정되므로 이 또한 자의적으로 결정하기는 어렵다.

만약 대지지분 40㎡, 용적률 150%의 재건축 아파트(아파트 면적 60㎡인 경우)가 용적률 250%로 올라갈 때 대지지분당 확보할 수 있는 추가 일반분양 면적은 대지지분의 100%인 40㎡다. 이를 일반분양으로 돌리면 조합원의 건축비 부담을 낮출 수 있다.

다른 방법이 없다면 일반분양 면적을 높이고, 조합원 배분 면적을 낮추는 것이 가장 합리적이다. 즉, 40㎡를 일반분양으로 하는 것이 아니라, 조합원이 기존 60㎡에서 50㎡로 가고, 일반분양도 50㎡로 하는 것이다. 그럼 일반분양 면적이 과거보다 10㎡ 늘어나서 조합사업의 수익이 개선된다.

　재건축의 사업성은 용적률로 어느 정도 결정되는 사안이고, 용적률이 200%를 넘어가기 시작하면 재건축의 경제성이 급격히 낮아진다.

　물론 일부 조합은 일반분양이 전혀 없이 조합원만의 단지를 다시 만들기 위해서 1:1 재건축을 선택하는 경우도 있겠으나, 일반분양을 통해서 사업성을 확보하기 위한 단지들의 경우에는 200%가 넘는 용적률의 단지들이라면 재건축 가능성은 작다. 이들 아파트는 훗날 멸실시기가 왔을 때, 그대로 멸실될 수 있거니와 조합원들이 분담금을 크게 늘리며 재건축을 해야 할 것이다.

　조합원 처지에서 결국 조합의 수익을 올리는 길은 분양면적 증가와 분양가격 상승이다. 그런데 정부는 분양면적을 재개발이든 재건축이든 민간 기업형 임대주택을 공급할 때 크게 할 수 있는 요건을 달았으며, 2015년 4월 1일부터 재건축·재개발 사업의 수익성이 대폭 개선됐다.

　민간 기업형 임대주택은 재건축·재개발을 가리지 않고 정비사업에는 어디서나 적용 가능한 사업모델이라서, 재건축도 앞으로 더 확대될 것으로 예상한다.

　재건축에 대한 기대감이 현재 가치에 과도하게 반영된 경우들이 왕왕 있다. 아무리 좋은 재건축 단지라도 상식에 기반을 두고 분양가격과 분양면적을 용적률과 주변 시세로 확인하는 습관을 갖는 것이 좋다. 과거 은마아파트가 31평과 33평이 4~5억 원대일 때나 경제성이 있었지, 이들 아파트 가격이 11~13억 원을 웃돌기 시작한 순간부터, 조합원의 분담금을 다 더하고도 주변 시세보다 싸게 되기란 어려웠다. 그래서 지금은 부랴부랴 재건축 방향도 변화를 주고 아파트 가격도 정점을 지나 하락하면서 다시 사업성을 확보하는 중이다. 은마아파트 역시 뉴스테이를 받아들일 수 있는 대상이기도 하다.

숫자는 그 어떤 감언이설보다 더 많은 말을 한다. 숫자로 사업성이 없다면 그 누가 오더라도 이를 살리지 못한다. 정부의 다양한 재개발·재건축 촉진책들은 이런 장기 미지연 정비사업을 활성화하려고 도입하는 것임을 고려해, 이런 분위기를 따라 사업을 추진하는 것이 합리적이다.

참고서적 및 자료

연구자료/발표자료
2010 인구주택총조사 전수집계(통계청 인구주택총조사)
공공택지 및 분양주택 공급제도 개선방안(국토연구원)
우리나라와 선진국의 공공임대주택 정책(박신영)
부동산 정책의 흐름과 새정부의 과제(손재영)
일본 민간 임대주택사업 사례연구(이상영)
부동산 정책의 과제와 정책방안(국토연구원)
글로벌 금융위기 이후 주택정책의 새로운 패러다임(KDI)
인구사회 구조변화에 따른 중장기 주택정책 변화(KDI)
전환기 부동산 정책의 새로운 방향 모색(KDI)
Housing Europe Review(2012_CECODHAS HOUSING EUROPE)
Homebuilding: A Review of Experience(Craig Swan)
House Price Dynamics: The Role of Tax Policy and Demography(James M. Poterba)
통계청 장래가구추계:2010~2035(2012)
Baby Boom, Baby Bust, And The Housing Market(N. Gregory MANKIW and David N. WEIL)
A Bird's Eye View of OECD Housing Markets(OECD)
주거비용이 청년층의 가구형성에 미치는 영향 분석(정의철)
소형가구 연령대별 주택수요 특성분석(김주원/정의철)
가구특성을 고려한 장기주택수요예측모형(국토계획_정의철/조성진)
인구구조 변화에 따른 장기 주택수요 전망에 관한 연구(국토계획_정의철/조성진)
외환위기 이후 주택시장 구조변화와 주택정책(한국경제연구원_김경환)
해외주거복지 사례연구(김경환)
부동산금융의 현황과 과제(KDI_손재영)
LIG, 주택가격 상승을 논하다(김유겸, 채상욱)
기업이 주택을 사는 시대, 부동산업의 후방 밸류체인에 투자하라(채상욱)
주택임대사업자 제도변화 및 혜택 점검(KB지식 비타민)

정부/지자체

제2차 중장기 주택종합계획(대한민국 정부)

9.1 부동산 대책 보도자료(대한민국 정부)

5.27 3대분야 공공기관 기능조정안(대한민국 정부)

8.11 뉴스테이 3법 보도자료(대한민국 정부)

민간 임대주택에 관한 특별법(법제처)

기업형 주택임대사업 육성을 통한 중산층 주거혁신 방안(관계부처 합동)

택지조성원가 적정성 검토(국토해양부)

서울특별시 도시계획조례

하나금융, 도심형 뉴스테이 6천호 추가 공급 제안(국토교통부)

도서

달러는 왜 미국보다 강한가(오세준)

아파트 공화국(발레리 줄레조)

한국현대사 산책(강준만)

기업/기관/기타자료

다이토켄타쿠 www.kentaku.co.jp

스미토모부동산 www.sumitomo-rd.co.jp

주식회사 에이블 www.able.co.jp

KT estate www.ktestate.com